Joseph Schlüter

Die französische Kriegs- und Revanchedichtung

Eine zeitgeschichtliche Studie

Joseph Schlüter

Die französische Kriegs- und Revanchedichtung
Eine zeitgeschichtliche Studie

ISBN/EAN: 9783743649606

Hergestellt in Europa, USA, Kanada, Australien, Japan

Cover: Foto ©ninafisch / pixelio.de

Weitere Bücher finden Sie auf **www.hansebooks.com**

Die französische Kriegs- und Revanche-Dichtung.

Eine zeitgeschichtliche Studie

von

Dr. Joseph Schlüter.

„Toujours en vedette!"
Friedrich der Große.

Heilbronn.
Verlag von Gebr. Henninger.
1878.

Vorwort.

Der erste Entwurf der vorliegenden Schrift erschien als Anhang meiner Anthologie: „Die Wacht am Rhein. Die deutsche Kriegsdichtung 1870/71" (Münster, Coppenrath 1874), S. 137—160. Die neueste ultramontane Wendung in Frankreich gab den Anlaß zu einer durchgreifenden Umarbeitung und Erweiterung der dort zum Theil noch mehr aus ästhetischem wie politischem Gesichtspunkte gezeichneten Skizze. Daß die nunmehr hier gebotene reichere Auswahl, wofür so ziemlich die ganze einschlägige Literatur in Contribution gesetzt wurde, als die erste ihrer Art auf ernsterem kritischem Studium beruht, wird der Kundige leicht erkennen.

Was die Uebersetzung der beigebrachten poetischen Proben und Belege anbetrifft, so suchte ich natürlich zunächst durch möglichst wörtlichen Anschluß dem (zu interessantem Vergleich durchweg in Anmerkung beigefügten) Original gerecht zu werden, dann aber auch durch eine bei unwesentlichen Dingen leichtere Fassung einen einigermaßen analogen Eindruck zu schaffen. Für die poetisch bedeutsameren Stücke wurde die dichterische Form beibehalten, während für die übrigen von manchen, meist nur des Reimes wegen oder zur Füllung des Verses beliebten, Wendungen und Ausdrücken schon eher abzusehen war und eine freie Paraphrase oder auch kurze Analyse ausreichend schien.

Eine andere Seite der Schrift ist ihre politische Tendenz. Mag nun die nächste Zukunft, wie es jetzt den Anschein hat, zwischen Gambetta oder dem jungen Napoleon, der radicalen Republik oder dem dritten Empire entscheiden (les extrêmes se touchent!) oder auch eine weitere und verlängerte Dictatur Mac Mahon's in ihrem Schoße bergen — gewiß ist, daß uns ein „dritter punischer Krieg" ständig „in Sicht" bleibt. Unsere liebenswürdigen Nachbarn werden bei erster guter Gelegenheit sicherlich nicht säumen, sich auf die ihnen abgestattete etwas lange Visite mit einem Gegenbesuch fein zu revanchiren. Staats= männer wie Thiers selber nannten das deutlich genug „ab= rechnen", oder auch etwas diplomatischer: „für erlittene Verluste Compensationen suchen". Wir verstehen schon. Weniger diese an sich — vom humanen und culturgeschichtlichen Standpunkte — nur traurige Erkenntniß, als die dadurch gebotene Umsicht und Wachsamkeit in weiteren Kreisen zu fördern, dazu möchte diese kleine Schrift an ihrem geringen Theile mitwirken.

Und wenn dann wirklich einmal das Unheil eines erneuten Krieges über uns und — sie hereinbrechen soll, dann möge auch, bezüglich der uns so überreich in Vers und Prosa ge=

— VII —

botenen Schmähungen, das einst in ähnlicher Lage „an die Verleumdung" gerichtete Wort Friedrichs des Großen sich bewahrheiten und erfüllen:

„Ton poignard, qui frappe la gloire,
Fait ressusciter les héros;
Plus d'un guerrier dut sa victoire
Aux aiguillons de ses rivaux."

Coblenz, am Sedantage, 2. September 1877.

J. Schlüter.

Während in Deutschlands liederreichen Gauen unter dem heißen Hauche der ersten Kriegsmonate des großen Jahres 1870 überall ein reicher Sangesfrühling erblühte, wollte auf französischem Boden die Pflege des volksmäßigen Kriegsliedes kein rechtes Gedeihen finden, und mußten die ohnehin spärlichen Knospen und Keime desselben ohne den wärmenden Strahl großer Thaten und Erfolge bald genug welken und absterben. Und selbst im ersten Anfange, wo die große Armee noch gutes Muths und „leichten Herzens" den Spaziergang nach Berlin anzutreten dachte — welch' gewaltiger Unterschied zwischen der französischen und der deutschen Kriegsdichtung! Hier treues Pflichtgefühl, unerschütterliches Vertrauen auf den Sieg der guten und gerechten Sache, wetteifernde Opferfreudigkeit für Herd und Freiheit, Familie und Vaterland — dort Gleichgültigkeit und Gefühllosigkeit für die Tragik der Zeit, ein eitles, leeres Prahlen mit raschem Ruhm und reicher Beute.

Dieser Gegensatz eben bildet einen so bedeutsamen Zug des beiderseitigen Nationalcharakters, daß selbst ein selten vorurtheilsfreier Franzose*), indem er dem lärmenden Wesen,

---

*) Gabriel Monod: „Allemands et Français. Souvenirs de Campagne." Paris, 1872. Eine kritische Analyse dieser bemerkenswerthen Schrift — „des Interessantesten und Besten, was in Frankreich über den großen Krieg geschrieben worden" — gibt Karl Hillebrand in dem gehaltvollen, durch ein ruhiges, gerecht abwägendes Urtheil ausgezeichneten Buche: „Frankreich und die Franzosen in der zweiten Hälfte des 19. Jahrhunderts" (Berlin, R. Oppenheim 1874, 2. Aufl.) S. 365—384.

dem frivolen Leichtsinne des französischen Troupiers, der die Kriegslage eben nur pikant und neu findet, den mit Selbstachtung verbundenen Gehorsam, den gefaßten, ruhigen Ernst des deutschen Soldaten gegenüberstellt, sich zu dem Geständnisse gedrängt fühlt: „Verglichen mit den französischen, waren die deutschen Soldaten Männer, welche gegen Kinder fochten. Die klare und genaue Bestimmtheit ihrer Redeweise, ihr ruhiges und bescheidenes Urtheil, ihre Gemüthstiefe bei mannhafter Tüchtigkeit hatten für mich etwas Erhebendes und Poetisches. Hier liegt die Quelle ihrer Volksdichtung, ihrer ergreifenden Lieder. Ich habe sie nie singen hören, ohne ein Gefühl des Neides, der Bewunderung, der Sympathie zu empfinden."

Was nun die neueste **französische** Kriegslyrik betrifft, so entbehrt sie, bei einigen wenigen Ansätzen und Anläufen zu Besserem, durchweg der Weihe echter Poesie. Ihr fehlt das Gemüth, dessen warmer Odem allein dem Liede Leben verleihen kann, und so ist das Meiste, was die geschäftige Poeterei jener Zeit zu Tage gefördert, kalte Reflexion, geschraubtes Pathos, übertreibende Phrase.

Alle diese in Ton und Charakter wenig unterschiedenen Kriegs- und Vaterlandslieder*) kennzeichnen sich eben als das eilfertige, als „haute nouveauté" auf den Markt gebrachte Produkt der hauptstädtischen Presse, demgemäß sie weit weniger die eigentliche Volksseele, als den wiederholt für Frankreich so verhängnißvoll gewordenen „esprit boulevardier" zum Ausdruck bringen. Selten daher, daß in dieser forcirten, mehr für den Bravour-Solovortrag, als den gemeinsamen Gesang berechneten Lyrik jene reineren Accente jubelnder oder trauernder Vaterlandsliebe durchklingen, wie sie nur noch die volksmäßige Dialektdichtung der dem centralisirenden Paris gegenüber in Sprache und Sitte selbständiger gebliebenen Landschaften: der Provence und Bretagne sich zu bewahren wußte.

---

*) Eine verdienstliche Sammlung resp. Auswahl derselben gibt **Adolph Enslin's**: „Der deutsch-französische Krieg 1870/71 in Liedern und Gedichten", Berlin, Ad. Enslin 1871, S. 175—246.

Wie schon vorhin berührt, ist als der typische Grundzug
der tonangebenden Pariser patriotischen Lyrik die bei aller Hohlheit
so anspruchsvolle Declamation hervorzuheben, die „wüst und leere"
Großsprecherei, die schier unsterbliche, schon von Cäsar gerügte
„Gallica ostentatio". Das in eben dieser Hinsicht sehr be=
zeichnende Gegenstück zu unserer „Wacht am Rhein" wurde
die — selbstverständlich nach den „Idées Napoléoniennes"
(von Ch. Gauthey de Latour) zeitgemäß corrigirte —
Marseillaise, deren Refrain ganz munter direkt auf den
Rhein geht:
> „Zum Rhein des großen Karl,
> Uns'res Napoleon!
> Wohlan voran!
> O fränk'scher Strom,
> Netz' endlich uns're Gau'n." *)

Ja, der Rhein! Er war ja das langersehnte eigentliche Objekt
des Kampfes, „la frontière que nous montre le doigt de
Dieu", und just, als hätten sie ihn schon, sangen die sieges=
muthigen „Enfants de la patrie", auf Alfred de Musset's
bekannte Verse**) anspielend:

---

*)   „Au Rhin de Charlemagne
   Et des Napoléons!
   Marchons! Marchons!
   Fleuve des Francs,
   Baigne enfin nos sillons!"

**) „Wir sah'n ihn, euren deutschen Rhein.
 Vergaßt ihr selber die Geschichte,
 An Rheinesstrand die Mägdlein fein,
 Die wissen schon, daß ich nicht dichte:
 Sie schenkten uns euren dünnen Wein." —
„Nous l'avons vu, votre Rhin allemand,
 Si vous oubliez votre histoire,
 Vos jeunes filles, sûrement,
 Ont mieux gardé notre mémoire;
 Elles nous ont versé votre petit vin blanc."
So die insolenteste Strophe des Musset'schen Liedes „Le Rhin
allemand" (1841) — der frech frivolen Antwort auf Beckers herr=
liches Rheinlied: „Sie sollen ihn nicht haben."

„Unſer, franzöſiſch iſt der Rhein!
Kanonen brüll'n: Zurück! Habt Acht,
Ihr Preußen! Wißt, jetzund allein
Da halten wir am Rhein die Wacht!"*)

Vom Rhein ſollte es dann — mit dem raſch nebenher geholten beſten Segen Karls des Großen an ſeine braven, zu „Rieſen= kämpfen" gerüſteten Söhne — in ungeſtörtem Siegeszuge geradeswegs auf Berlin gehn:

„Voran und weiter ohne Säumen!
Auf Siegesſpuren ſeht uns ziehn!
Erfüllung winkt der Väter Träumen.
Wohlauf, Franzoſen, nach Berlin!"

Schmach dem, der am Siege zweifelt! „Zerſchmettert ſoll'n ſie werden, die Horden der Preußen, dieſer Geier des deutſchen Volks!"**)

Solchen geradezu ſchwindelhaften, mit „Ruhm und Sieg, Triumph, Civiliſation, Fortſchritt und Freiheit" verſchwenderiſch um ſich werfenden, die Soldaten ſo einzig naiv als „Löwen, Söhne der Viktoria, Halbgötter" bezeichnenden Chauvinismus im Einzelnen zu verfolgen, wäre ein müſſiges Beginnen, verlorene Liebesmüh': in ermüdender Wiederholung Variationen auf das alte wohlbekannte Thema!

Wie nun aber die gehofften glorreichen Siege ſo ganz ausblieben, wie die ſtolze „Rhein=Armee" den Rhein kaum von fern zu ſehen bekam und das „Hat ihm ſchon" eine ſo ganz andere Bedeutung gewann — was ſollten ſie da noch Anderes

---

*) „Il est à nous le Rhin français;
Le canon vous crie: En arrière!
Plus de Prussiens! et désormais
Le Rhin français c'est la frontière."

**) „En avant et marchons sans trêve,
Suivons un illustre chemin.
De nos aïeux réalisons le rêve,
Allons de Paris à Berlin!" —

„Ecrasons pour toujours les hordes ennemies
Des Prussiens, ces vautours du grand peuple allemand.
Que leurs troupes sans coeur soient à jamais honnies!
Peuple français, debout! En avant, en avant!"

fingen als Wuth, Verzweiflung, Rache? Dem „Malheur à toi, Bismarck!" folgte das schärfere: „Fluch und Verderben dir, Napoleon„!

Der Mann von Sedan, der jetzt in der That (wie ihn einst V. Hugo's Pamphlet geheißen) „der Kleine" zu nennen war, wurde die Zielscheibe des bittersten Spottes. Weit genug entfernt von dem immer noch gutmüthigen, gemüthbefreienden Humor des deutschen Liedes, läßt ihn ein Monsieur Octave als nunmehr ganz verlorenen Mann in dem scharf einschneidenden Hohnliede „Lo Sédantaire" seiner schönen Eugenie all' seine Lorbeern, seinen Gläubigern fein Hauptbuch und feine Schande vermachen. „Ungleich ist zweier ungleicher Kaiser Ruhm: der eine nahm Europa's Hauptstädte (les capitales), der andere die Capitalien."*)

*) „Je lègue à ma belle Eugénie
   Tous mes lauriers,
Mon Grand-Livre et mon infamie
   Aux créanciers.
Des deux Emp'reurs les gloires sont égales,
   Quoiqu' inégaux,
L'un de l'Europe a pris les capitales,
   L'autre: les Capitaux."

Ein heiteres Gegenstück hierzu, von J. Sénéchal, bieten die prächtig byzantinischen Verse, womit späterhin Mac Mahon, der „glorreich Besiegte" von Wörth und — glücklich Verwundete von Sedan, als „grand héros" und „sauveur de Paris" u. A. also angesungen wird: „Im Jahre 1870, im großen Kriege führte er „à Reischoffen" (bei Wörth) seine stolzen Kürassiere und setzte die Völker der Erde durch seinen hohen Muth in Erstaunen."

„En soixante-dix, pendant la grande guerre,
A Reischoffen, guidant les cuirassiers,
Il étonna les peuples de la terre
Par son courage avec ses fiers guerriers!
Plus tard, blessé, mais tout couvert de gloire,
Il dut céder! on inscrira son nom,
Parmi les braves, au temple de mémoire.
Honneur au grand maréchal Mac-Mahon!

Wie gern erst möchten heut die Franzosen unter dem neuerbings auch mit dem — Großkreuz des Piusordens bedachten Heldenführer die Wunder von Mentana erneuern!

Die von der Person des gefallenen Kaisers absehende, rasend gegen den Feind gerichtete, blind mordwüthige Stimmung der meisten anderen Poeten kennzeichnet wohl am besten das Aug. Lacaussade'sche, zum Ueberfluß noch mit einem „Vae victoribus" decorirte Lied „Cri de guerre". Da ertönt allein der grelle, grimme Aufschrei des verletzten Nationalstolzes. Einige charakteristische Strophen mögen, als Specimen der Gattung, von dem verwandten Geiste und Gebahren dieser tollen Gesellen, der poetischen Franctireurs und Herolde der Commune, Anschauung und Zeugniß geben. Freilich ist der Inhalt so craß, daß er die poetische Form, eine Rhythmus und Reim wiedergebende Uebertragung schlechterdings abweist. So möge denn dafür die platte worttreue Prosa genügen:

„Er ist besudelt, der heilige Boden des Vaterlandes! Unsere Städte, unsere Saaten, unsere Felder sind geplündert. Unsere Dächer rauchen! Auf zum heiligen Gemetzel! Hau't! Mäh't! Hackt! Würgt mit beiden Händen!

Vom Norden steigen sie nieder, Vandalen vergangener Zeit, überall Mord und Raub und Brand aussäend. Frankreichs Theilung träumen sie. Reinigen wir in wilder Rache unseren Boden von ihrer Gegenwart!

Vor und hinter ihnen brennt, schafft Oede! Schließt die Banditen in endlose Wüste! Flammen und Pest auf diese gierige Horde! Mögen sie Alle, Menschen und Pferde, vor Hunger bersten!

Gekommen sind sie, gut! Sie sollen bleiben! Stolzes Land, Frankreich, öffne dich unter ihnen und schließ' dich wieder! Kein Lebendiger soll die Grenze erreichen. Unser alter gallischer Boden bedurfte des Düngers.

Los denn auf die Eindringlinge, die Beutemacher! Zum Busch- und Heckenkrieg wider sie! Hetzt, umzingelt sie! Stürzen wir uns in unversöhnliche Mordlust, das Vaterland zu retten oder zu rächen!"*)

---

*) „Il est souillé le sol sacré de la patrie!
　Nos cités, nos moissons, nos champs sont saccagés:
　Nos toits fument! Debout pour la sainte tuerie!
　Frappez! fauchez! hachez! de deux mains égorgez!

Mit solchen tobenden, leidenschaftlich verwilderten, für die
gewöhnliche Aesthetik ganz incommensurabeln Liedern hatte sich
die Rache, die große Revanche, ihr eigenes Genre geschaffen,
als dessen Herr und Meister dann eben der gefeiertste Dichter
des modernen Frankreich, der gebietende Führer der neuroman=
tischen Schule: Victor Hugo auftrat. In gleich rasendem
Tone rief auch er seinen Landsleuten zu: „Vergiftet die Brun=
nen, erschlagt die Schlafenden! Nehmt Sensen, Beile, Mistga=
beln, sie zu tödten!" Er schuf so zu sagen das Hohe Lied, das
für Frankreich classisch gewordene chef-d'oeuvre dieser Richtung:
„L'Année Terrible" (3me édit. Paris, Michel Lévy Frères,
1872), ein poetisches Tagebuch seiner Erlebnisse und Empfin=
dungen, in der losen Form einer episch=lyrischen Dichtung mit
reichlich überschießendem Raisonnement und starken, durch den
Contrast wirkenden quasi-melodramatischen Effekten.

Ueber die bei manchen unläugbaren Schönheiten vielfach
ersichtliche Monstrosität dieses Opus braucht man sich nach
V. Hugo's früheren Leistungen im Roman und Drama und
besonders der nächstverwandten „Légende des siècles" gar
nicht so sehr zu wundern. Es ist eben der alte Victor Hugo

> Ils descendent du nord, Vandales d'un autre âge,
> Semant partout le meurtre et le crime et le vol.
> De la terre des Francs ils rêvent le partage:
> Purgeons de leur présence et vengeons notre sol!
>
> Derrière et devant eux, brûlez! faites le vide!
> Enfermons ces bandits dans un désert sans fin!
> La flamme et la famine à cette horde avide!
> Que tous, hommes, chevaux, que tous crèvent de faim!
>
> Ils sont venus, eh bien! qu'ils restent! — Terre altière!
> France, ouvre-toi sous eux et te referme après!
> Qu'il n'en sorte pas un vivant de la frontière!
> Notre vieux sol gaulois avait besoin d'engrais.
>
> Sus aux envahisseurs! Sus aux hommes de proie!
> La guerre de buissons contre eux et de taillis!
> Traquons-les! plongeons-nous dans l'implacable joie
> De tuer pour sauver ou venger son pays!"

wie er leibt und lebt, der Dichter des drastischen Effekts und
der breiten Phrase par excellence, nur daß die gewaltige Auf=
regung der Zeit seine Schwächen und Fehler noch schärfer her=
vortreten läßt. Man höre, wie der Dichter selbst sich ganz
offenherzig über die Genesis seines Werkes ausspricht und dessen
Ausschreitungen, Uebertreibungen und Ueberschwänglichkeiten ge=
wissermaßen wie die Träume eines Fieberkranken („velut aegri
somnia") entschuldigt. „Schreckliche Zeit! Mein Geist ist in
dieser Finsterniß eine allen irren Schritten offene Fläche. Ich
schreibe dieses Buch, Tag um Tag, unter dem Dictat der
Stunde, die sich aufrichtet und erschrocken flieht. Hydern ent=
steigen der Hölle und stürzen zum Abgrund."*)

Nach diesem offenen Geständniß ist es wohl kein Wunder,
wenn der Dichter die künstlerische Herrschaft über sein Werk
verlor und daß dieses eben so ward wie es nun ist: eine mit
den buntesten Gedanken und Reminiscenzen ausstaffirte „Ge=
schichtsklitterung", die, ohne innere Beziehung zur poetischen
Form, meist nur „rasende Prosa" zu nennen ist.

Ja, es bleibt immer etwas Wahres an dem bekannten
Goethe'schen Worte, daß ein politisch Lied ein garstig Lied sei!
Der Dichter, der Eigenart und Weihe bewahren will, darf ein=
mal, eine ohnehin erregbarere Natur, nicht zu weit in die dem
Kampfe der Parteien geöffnete Arena niedersteigen. Als war=
nendes Beispiel dient eben die ganz von der politischen Tendenz
beherrschte Hugo'sche Dichtung, wo leider oft genug der leben=
dige Quell der Dichtung im traurigen Sande der leeren Phrase
verrinnt. So fürchtete und fühlte denn auch der Dichter in
ruhigeren Momenten selbst, daß die Schilderung einer von
Schrecken und Gräueln erfüllten Zeit der poetischen Behandlung

---

*) „Temps affreux! ma pensée est, dans ce morne espace
Où l'imprévu surgit, où l'inattendu passe,
Une plaine livrée à tous les pas errants.
Les faits l'un après l'autre arrivent, noirs et grands.
J'écris ce livre, jour par jour, sous la dictée
De l'heure qui se dresse et fuit épouvantée;
Les semaines de l'An Terrible sont autant
D'hydres que l'enfer crée et que le gouffre attend!"

widerstrebe: „Guerre qui veut Tacite et qui repousse Homère."

Victor Hugo steht eben **nicht** auf der Hochwarte, die der Dichter immerdar hüten sollte. Er ist nicht allein enragirter Nationalfranzose, heißblütigster Patriot, er ist zugleich, wie nur ein Garibaldi oder Gambetta, republikanischer Phantast und leidenschaftlicher Parteimann: durch ein 19jähriges Exil vom vaterländischen Boden verbannt gewesen, verkündet er Haß und Zorn in eigener Sache. Im übrigen ist seine „Année Terrible" eben so echt französisch, wie Osk. v. Redwitz' „Lied vom neuen deutschen Reich" oder B. Auerbachs „Waldfried" — in welchen beiden Werken es auch ohne mancherlei Eigenthümlichkeiten nicht abgeht — echt deutsch. Suum cuique! Bei dem offenbaren Mangel harmonischer Ruhe und Rundung, einer künstlerisch geschlossenen Composition hat Hugo's seltsame Dichtung gewiß weit weniger poetischen als zeitgeschichtlichen Werth, aber eben als das Werk des populärsten, weil dem modernen französischen Geiste homogensten Dichters gibt es, wie kein anderes, von der damaligen Stimmung Frankreichs das allertreueste und lebendigste Bild.

So viel zu einer objektiven Beurtheilung Victor Hugo's, der mit all seinem Preußen- und Tyrannenhasse als Franzose jedenfalls noch unvergleichlich besser und erträglicher ist, wie seine saubern Freunde und Gesinnungsgenossen in Deutschland! Nomina sunt odiosa. —

„L'Année Terrible" beginnt nun mit einem energischen Proteste des Dichters gegen das verhängnißvolle, den Krieg bekanntlich präparirende Plebiscit vom Mai 1870. Mit vollständiger Ignorirung der Kämpfe um Weißenburg, Wörth und Metz folgt — da es dem Dichter des „Napoléon le petit" und der „Châtiments", dem Juvenal des zweiten Empire, eben nur auf die Vernichtung des falschen Empereurs ankömmt — die Schilderung der das Loos des Tuileriengötzen entscheidenden Schlacht von Sedan.

Bei allem patriotischem Schmerze empfindet und äußert der Dichter doch eine gehobene Genugthuung, eine wahrhaft dämonische Freude, daß endlich doch der dort so persönlich engagirte „Neffe als Onkel" ausgespielt, daß der Größe der Schmach die Größe des Sturzes gleichkam. Und so brandmarkt er mit glühenden Worten den feigen Verrath des Kaisers, der, da er „an der Spitze seiner Truppen nicht hatte sterben können", dem ehrenreichen greisen Preußenkönige wohlgemuth seinen jungfräulichen Degen übergab:

„Dieweil da Alles kämpft und ringt nach Schicksalsschluß.
Mit Blut beströmt das Feld, und neu dröhnt Schuß auf Schuß,
Vernahm das Heer den Ruf der Memme: Ich will leben!
Erstarrt schweigt das Geschütz. Wie wirr und wild daneben
Der Knäu'l sich löst! Zum Sturz das Wort gesprochen war,
Und öffnend seine Krall'n wartet der schwarze Aar."*)

Die folgenden Verse zählen in gesteigerter Leidenschaft die besten Namen der Heroengeschichte Frankreichs auf — von Karl Martell und Karl dem Großen bis zu Turenne, Condé und Napoleon, „größer als Cäsar und Pompejus" — um damit zu enden, daß sie alle „durch die Hand eines Banditen ihren Degen übergaben." Darum ist der Name Sedan, wiewohl eben Turenne, „der Schrecken Deutschlands", dort geboren, vor allen verflucht. Keine Niederlage der französischen Waffen, von Crecy und Azincourt bis Höchstädt, Trafalgar und Waterloo, war schimpflicher als diese:

„Das düstre Roßbach gar, fast gleicht's dem hellen Siege.
Frankreich, sieh hier die Schmach, den Schandfleck deiner Kriege —
Sedan! Dies Unheilswort, wo Alles sollte brechen,
Spei's aus, um nimmermehr bei uns es auszusprechen."**)

---

*) „Tandis que, du destin subissant le décret,
Tout saignait, combattait, résistait ou mourait,
On entendit ce cri monstrueux: Je veux vivre!
Le canon stupéfait se tut, la mêlée ivre
S'interrompit . . . — le mot de l'abîme était dit.
Et l'aigle noire ouvrant ses griffes attendit."

**) „Et tous ces chefs de guerre, Héristal, Charlemagne,
Charles-Martel, Turenne, effroi de l'Allemagne,
Condé, Villars, fameux par un si fier succès,
Cet Achille, Kléber, ce Scipion, Desaix,
Napoléon, plus grand que César et Pompée,
Par la main d'un bandit rendirent leur épée." —

Von den beiden Motiven, die den Dichter inspirirt: der glühende Haß gegen Napoleon und die glühende Liebe zu Paris, war das eine erschöpft. Von da ab concentrirt sich sein ganzes Interesse auf Paris, die „ville sacrée", der auch als „capitale des peuples" die Hugo'sche Dichtung verehrend gewidmet ist. Und „ce lieu saint", „cette cité soleil", „cette cité de l'Europe future" — wagen nun die Barbaren des Nordens, statt sich mit dem Hochgefühl verschiedener Siege zu begnügen, wirklich in aller Form zu belagern:

„O Hunnen, niedre Hände ihr, die unsern Hals zu schnüren wagen.
Fort! Mordet ihr die Stadt Paris, das ganze Weltall wär' erschlagen.
Fort Erebus! Weg finstre Nacht! Belag're nicht den Stern,
Den heil'gen Ort, den Fortschrittsquell und der Ideen Kern!
Küss' ihr die Füße! Heb' dich fort! Bereu' die schnöde That
An dieser Stadt, in der das Volk so groß wie Roms Senat.
Doch Jene, deren Kronen groß und deren Stirnen klein,
Beneiden dieser Weltenseel' den lichten Glorienschein.
Deutschland ist die Vergangenheit, Paris die Zukunftsquelle,
Es haßt der finstern Hölle Schaar der Morgenröthe Helle.
Ihr droht Paris mit Brand und Mord und mit des Hungers Qualen,
Weil den Athener nie geliebt die Hunnen und Vandalen." *)

Doch alle die leidenschaftlichen Klagen und Anklagen des greisen Dichters sind ja umsonst. „Preußen, die Tigerin, die Riesenkatze, hält Paris, seine Beute, und beißt mit grausem Behagen dies große, todesmatte, zuckende Herz der Welt!" **)

„Le noir Rosbach nous fait l'effet d'une victoire.
France, voici le lieu hideux de ton histoire,
Sedan. Ce nom funèbre, où tout vient s'éclipser,
Crache-le, pour ne plus jamais le prononcer."

*) Obige Verse sind eine von S. Gätschenberger („Das Jahr der Vergeltung, als Antwort auf V. Hugo's Schreckliches Jahr." Würzburg, S. Gätschenberger, 1873. S. 27 ff.) versuchte freie Zusammenstellung von bezeichnenden Kraftwendungen der Année Terrible S. 67 ff.

**) „La géante féline,
La Prusse tient Paris, et, tigresse, elle mord
Ce grand coeur palpitant du monde à moitié mort."

Die in dem eingeschlossenen Paris unter dem unmittelbaren Eindrucke der Tagesbegebenheiten („dans l'hiver fameux du grand bombardement") geschriebenen Gedichte bilden nun den Haupttheil der „Année Terrible" und bieten dort, wo nicht der wilde Haß durchbricht oder die ultrademokratische Phrase sich breit macht, einige interessante, wohlgelungene Partieen.

So gibt insbesondere der unterm 10. Januar einer Dame gesandte Ballonbrief ein lebendiges Bild von der damaligen Wirthschaft in dem „heroischen" Paris. „Vor Ablauf des Monats wird Paris die „Preußen" vertrieben haben", dachte man noch, und so erzählt auch der Dichter mit recht gutem Humor, wie Paris wohlgemuth kämpft und die Entbehrungen der Tafel stoischen Sinnes erträgt. „Unser Bauch ist eine Arche Noah. Pferd und Esel, Katze und Hund, Ratten und Mäuse begegnen sich dort. Mag auch Moltke uns kanoniren und Bismarck uns aushungern, Paris ist standhaft. Lächelnd und denkend gehn seine Augen am hohen Himmel von der Taube, die wiederkehrt zum Ballon, der entschwindet."*)

Wohlgelungen ist hier in der That die treue Mimik der Situation: man sieht sie, wie nach blitzschneller photographischer Aufnahme, lebendig vor sich, die heldenmüthigen Pariser, die rein römischen Pariserinnen und vor allen Ihn selbst — „le grand poëte, le grand citoyen!"

---

*) „Nous mangeons du cheval, du rat, de l'ours, de l'âne.
Paris est si bien pris, cerné, muré, noué,
Gardé, que notre ventre est l'arche de Noé;
Dans nos flancs toute bête, honnête ou mal famée,
Pénètre, et chien et chat, le mammon, le pygmée,
Tout entre, et la souris rencontre l'éléphant. — —
Nous manquons de charbon, mais notre pain est noir.
Plus de gaz; Paris dort sous un large éteignoir. . . .
Soit. Moltke nous canonne et Bismarck nous affame.
Paris est un héros, Paris est une femme;
Il sait être vaillant et charmant; ses yeux vont,
Souriants et pensifs, dans le grand ciel profond,
Du pigeon qui revient au ballon qui s'envole."

Neben dies halb heitere Bild, das uns zeigt, wie damals Paris fühlte, dachte und vergebens hoffte, stellen wir, aus derselben Zeit „des großen Bombardements", ein elegisch gestimmtes. „Preußische" Leichen sieht der Dichter die Seine hinabtreiben und bietet ihnen folgenden spöttischen Gruß und Willkomm.

„Nun seid ihr hier, gebettet, liebkost und geküßt, gestreckt auf das Kissen des weichen tiefen Wassers, eingehüllt in die kalten nassen Tücher der Wellen. Ja, ihr seid's, Söhne des Nordens! Ihr schließt eure blauen Augen im sanften Wiegen der träumenden Fluth. Ihr hattet gesagt: »Auf, nach Frankreich, nach Süden! Dort liegt Babylon, an der Welt Küsse gewöhnt, es ist reich an Lust und Liedern. Dort winkt die Freude uns. Paris, die öffentliche Stadt, die sich für die Fremden schminkt und schön macht, öffnet uns seine Arme.« Und die Seine ist ihr Bett."*)

Da haben wir sie wieder, die echt französische Anschauung von den deutschen Barbaren, die in Erwartung seltener Genüsse nach Frankreich, zur Stadt der Freuden ziehn! Während da neben einigem menschlichen Mitgefühl der bittere Hohn vornehmlich durch- und vorklingt, wird das lebendig anschauliche, farbenreiche Bild des letzten großen Ausfalls vom 19. Januar uns nur wohlthuend berühren.

„Der kalte Morgen graut, da zieht eine Truppe in Ordnung durch die Straße. Bürger sind es, die zur Schlacht aus-

---

*) „Oui, vous êtes venus et vous voilà couchés;
Vous voilà caressés, portés, baisés, penchés,
Sur le souple oreiller de l'eau molle et profonde;
Vous voilà dans les draps froids et mouillés de l'onde;
C'est bien vous, fils du Nord, nus sur le flot dormant!
Vous fermez vos yeux bleus dans ce doux bercement.
Vous aviez dit: »— Allons chez la prostituée.
Babylone, aux baisers du monde habituée,
Est là-bas; elle abonde en rires, en chansons.
C'est là que nous aurons du plaisir; ô Saxons,
O Germains, vers le sud tournons notre oeil oblique,
Vite! en France! Paris, cette ville publique,
Qui pour les étrangers se farde et s'embellit,
Nous ouvrira ses bras..." — Et la Seine leur lit."

rücken, an ihrer Hand die Kinder, daneben die Frauen, welche das Gewehr ihrer Männer auf der Schulter tragen. Das Kind lacht und die Frau weint nicht. Paris wird sterben, wenn nur Frankreich lebt; die Ehre soll gerettet werden, den Rest kann man missen. Und man marschirt; die Augen sind finster, die Stirnen bleich, auf ihnen steht geschrieben: Vertrauen, Muth, Hunger! Das Haupt und die Fahnen hoch, zieht die Truppe weiter, mit ihr die Familie; erst drunten an den Barrieren will man scheiden. Hört sie singen, diese gerührten Männer, diese kriegsmuthigen Weiber! Paris vertheidigt die Rechte des Menschengeschlechts! — Ein Zug Verwundeter kommt des Wegs — man denkt der Könige, deren Laune Bäche Bluts hinter den Bahren aufs Pflaster rieseln läßt. Die Stunde des Ausmarsches naht; vorn in den alten Vorstädten wirbeln die Trommeln. Alle eilen sich, sind unter den Mauern, stoßen zum Heer. Da treibt der Wind eine Rauchflocke herüber. Halt! Es ist der erste Kanonenschuß. Vorwärts! Ein langer Schauer durchläuft die Bataillone, der Augenblick ist gekommen. Auf die Thore! Trompeten blast! Da unten die grüne Ebene, das Gehölz, drin der unsichtbare Feind umherschleicht. Drüber der Horizont, starr, schläfrig, ruhig; verrätherisch birgt er Blitze und Flammen. Ein letztes Lebewohl tönt hie und da. Mein Gewehr, Frau! Und die Frauen mit heiterer Stirn, doch gebrochenem Herzen reichen ihnen das Gewehr, das sie mit ihrem Kuß geweiht haben."*)

---

*) „L'aube froide blêmit, vaguement apparue.
  Une troupe défile en ordre dans la rue.
  Ce sont des citoyens partant pour la bataille.
  Purs soldats! Dans les rangs, plus petit par la taille,
  Mais égal par le coeur, l'enfant avec fierté
  Tient par la main son père, et la femme à côté
  Marche avec le fusil du mari sur l'épaule.
  C'est la tradition des femmes de la Gaule
  D'aider l'homme à porter l'armure, et d'être là,
  Soit qu'on nargue César, soit qu'on brave Attila.
  Que va-t-il se passer? L'enfant rit, et la femme
  Ne pleure pas. — —

So des Dichters ergreifende, wirklich von einem Hauche heroischen Geistes durchwehte Schilderung, die nur unserseits, eben der reineren Wirkung wegen, um die eingemengte republikanisch=philanthropische Reflexion gekürzt wurde. Uebel will auch dazu stimmen, wenn der Dichter, der so gern als Friedensapostel das Evangelium des humanen Fortschritts predigt, über die auf seinen Namen getaufte Kanone den Segen spricht: „Du, die du senden wirst den blinden Tod, ich segne dich." Gleich den meisten Franzosen pflegt auch Victor Hugo einen einseitigen, alle andere Rücksicht ausschließenden Patriotismus.

Sehr ansprechend und wohlgelungen in der Durchführung des Bildes ist aber wieder das Gedicht auf die Forts von Paris, eine echt dichterisch gestaltete und beseelte Schilderung.

— — Paris mourra pour que la France vive.
Nous garderons l'honneur; le reste, nous l'offrons.
Et l'on marche. Les yeux sont indignés, les fronts
Sont pâles; on y lit: Foi, Courage, Famine.
Et la troupe à travers les carrefours chemine,
Tête haute, élevant son drapeau, saint haillon;
La famille est toujours mêlée au bataillon;
On ne se quittera que là-bas aux barrières.
Ces hommes attendris et ces femmes guerrières
Chantent; du genre humain Paris défend les droits.
Une ambulance passe, et l'on songe à ces rois
Dont le caprice fait ruisseler des rivières
De sang sur le pavé derrière les civières.
L'heure de la sortie approche; les tambours
Battent la marche en foule au fond des vieux faubourgs.
Ils arrivent aux murs, ils rejoignent l'armée.
Tout à coup le vent chasse un flocon de fumée;
Halte! C'est le premier coup de canon. Allons!
Un long frémissement court dans les bataillons,
Le moment est venu, les portes sont ouvertes,
Sonnez, clairons! Voici là-bas les plaines vertes,
Les bois où rampe au loin l'invisible ennemi,
Et le traître horizon, immobile, endormi,
Tranquille, et plein pourtant de foudres et de flammes.
On entend des voix dire: Adieu! — Nos fusils, femmes!
Et les femmes, le front serein, le coeur brisé,
Leur rendent leur fusil après l'avoir baisé."

„Gleich mächt'gen Hunden hüten sie Paris,
Da jeden Augenblick die Ueberraschung droht;
Da Räuber lauern und der Hinterhalt
Bisweilen bis zum Wall der Hauptstadt kriecht,
Stehn sie zu neunzehn auf den Bergeshöh'n.
Unruhig, dräuend, spähen sie ins Dunkel
Und warnen sich, sobald die Nacht beginnt,
Und recken um die Stadt den Arm von Erz;
Und schlummern wir, sie halten treue Wacht. — —
Paris ein Bivouak, ein Grab, ein Kerker,
Steht Schildwacht; doch von Schwäche übermannt
Schläft's ein — es schweigen Mann und Weib und Kind.
Das Schluchzen, wie das Lachen des Triumphes,
Die Schritte, Wagen, Quai und Platz und Straße,
Die tausend Dächer, wo der Traum nur murmelt,
Hoffnung, die sagt: „Ich glaub'!" und Hunger, der: „Ich sterbe!"
Noch leise flüstert, Alles, Alles schweigt.
Schlaf einer ganzen Welt! O Träume, unergründlich!
Man schläft, vergißt . . . Sie stehen trotzig da.
Und plötzlich fährt man auf und athemlos
Und finster neigt ein jeder schnell sein Ohr.
Wie des Vulkanes wildes Rollen klingt's —
Es lauscht die ganze Stadt, ringsum das Land
Wacht auf! Und jenem ersten Grollen
Antwortet wild und dumpf ein zweiter Ruf,
Und in der Nacht verhallen andre Donner,
Und hundertfach rollt Echo hin zum Echo." *)

*) „Ils sont les chiens de garde énormes de Paris,
   Comme nous pouvons être à chaque instant surpris,
   Comme une horde est là, comme l'embûche vile
   Parfois rampe jusqu'à l'enceinte de la ville,
   Ils sont dix-neuf épars sur les monts, qui, le soir,
   Inquiets, menaçants, guettent l'espace noir,
   Et, s'entr'avertissant dès que la nuit commence,
   Tendent leur cou de bronze autour du mur immense.
   Ils restent éveillés quand nous nous endormons,
   Et font tousser la foudre en leurs rauques poumons. — —
   Paris bivouac, Paris tombeau, Paris prison,
   Debout dans l'univers devenu solitude,
   Fait sentinelle, et, pris enfin de lassitude,
   S'assoupit; tout se tait, hommes, femmes, enfants,
   Les sanglots, les éclats de rire triomphants,
   Les pas, les chars, le quai, le carrefour, la grève,
   Les mille toits d'où sort le murmure du rêve,

Ueberaus schön und rein empfunden ist auch das liebliche Gedicht „Le Pigeon" — die Brieftaube schildernd, wie sie, unter zartem Fittich verderbliche Kriegsbotschaft bergend, ahnungslos der geliebten Heimath zustrebt:

„Sie denkt an's Weibchen, an die süße Brut,
An's Nest, an's Haus, das sie noch nicht erkannt,
An zärtliches Gegirr im Maienmond.
Sie fliegt und führt hoch dort am Firmament
Bewußtlos unf're Menschenschatten mit.
Sie leitet heimwärts einzig der Instinkt,
Der Liebe nur gehört die kleine Seele —
Doch unter zartem Fittich trägt sie mit
Trommeten, Trommeln, platzende Granaten,
Frankreichs und Deutschlands wüthend Handgemenge.
Die Schlacht, den Sturm, die Sieger und Besiegten,
Das räthselhafte Flüstern vieler Herzen
Und eine Zukunft, die verhängnißvoll
In's Loos der Stadt Paris Europen einhüllt."*)

L'espoir qui dit je crois, la faim qui dit je meurs;
Tout fait silence; ô foule! indistinctes rumeurs!
Sommeil de tout un monde! ô songes insondables!
On dort, on oublie... — Eux, ils sont là, formidables.
Tout à coup on se dresse en sursaut; haletant,
Morne, on prête l'oreille, on se penche... — on entend
Comme le hurlement profond d'une montagne.
Toute la ville écoute et toute la campagne
Se réveille; et voilà qu'au premier grondement
Répond un second cri, sourd, farouche, inclément,
Et dans l'obscurité d'autres fracas s'écroulent,
Et d'échos en échos cent voix terribles roulent."

Die Uebersetzung aus Wilh. König's „Studien und Skizzen zur französischen Literaturgeschichte" (Halle, Lippert'sche Buchhandlung, 1877), S. 243 f. In einer Sedan-Rede (S. 227—249) bringt der Verfasser V. Hugo's „Année Terrible" mit Th. de Banneville's „Idylles Prussiennes" in anziehenden Vergleich.

*) „Il songe à sa femelle, à sa douce couvée,
   Au nid, à sa maison, pas encor retrouvée,
   Au roucoulement tendre, au mois de mai charmant;
   Il vole; et cependant, au fond du firmament,
   Il traine à son insu toute notre ombre humaine;
   Et tandis que l'instinct vers son toit le ramène
   Et que sa petite âme est toute à ses amours,

Demselben weicheren lyrischen Genre angehörig sind die freundlichen Kinderscenen, die uns Hugo in den an seine Enkelkinder Jeanne und Georges gerichteten Versen vor Augen führt. Da erkennen wir freudig den geweihten Dichter, der sein besseres Ich wiedergewonnen, dem die stille Poesie der Kinderwelt den Frieden gegeben, den er sonst nirgend zu finden wußte. Und in dieser milderen Stimmung hat Hugo (wie ähnlich in seinem neuen Roman „93") Bilder voll poetischer Empfindung geschaffen, die eben durch den Contrast der rauhen, grausen Wirklichkeit einen doppelt rührenden Reiz gewinnen — wie ja auch das reine Edelweiß am schönsten und lockendsten über dem Abgrund blüht. Aus dem wilden Kriegsgetöse läßt uns der Dichter auf einen idyllischen Friedenszustand blicken, wo, von keinem Leid berührt, die holde Kindesunschuld lächelt. Und so begrüßt er seine liebe Enkelin Jeanne:

„Ach, wenn ich dich nur seh' und höre, liebes Kind,
Dein Lachen silberhell, dein Kosen weich und lind,
Wie deine Hand sich sanft auf's schwere Haupt mir legt,
Mein' ich, daß jene Wolk', die Wetterstürme trägt,
Erbebend sich verzieht mit Grollen dumpf und matt,
Und daß Gott geben läßt der hundertthürm'gen Stadt,
Dem Weltall, das sich neigt und dem Paris ein Hort,
Den besten Segensspruch mit solchem Kindeswort." *)

Sous sa plume humble et frêle il a les noirs tambours,
Les clairons, la mitraille éclatant par volées,
La France et l'Allemagne éperdument mêlées,
La bataille, l'assaut, les vaincus, les vainqueurs,
Et le chuchotement mystérieux des coeurs,
Et le vaste avenir qui, fatal, enveloppe
Dans le sort de Paris le destin de l'Europe."

Die Uebersetzung von W. König a. a. O S. 244 f. Wie man sieht, wählte König statt der gereimten Alexandriner die leichtere Form der reimlosen fünffüßigen Jamben.

*) „Ah! quand je vous entends, Jeanne, et quand je vous vois,
Chanter, et, me parlant avec votre humble voix,
Tendre vos douces mains au-dessus de nos têtes,
Il me semble que l'ombre où grondent les tempêtes
Tremble et s'éloigne avec des rugissements sourds,
Et que Dieu fait donner à la ville aux cent tours,
A l'univers qui penche et que Paris défend,
Sa bénédiction par un petit enfant."

Abgesehen von der bei Hugo immer wiederkehrenden geradezu abgöttischen Verehrung des hochheiligen Paris, gewiß ein reizendes, zart colorirtes Bild, zu dessen Vervollständigung wir gern noch einige Verse hinzufügen mögen. Selbst ein von schweren Schicksalsschlägen getroffener Greis, preist der Dichter vor allem die selige Kinderzeit glücklich, deren lichte, sonnige Tage

„Kein Schatten trübt. Das Kind, wenn's seine Eltern hält
In off'nem Liebesarm, hält seine ganze Welt!
Du junge Seele träumst und lachst mit leichtem Sinn
Vom Mutterbusen traut zum Vaterherzen hin;
Dein ganzer Himmel geht von ihr, die froh dich herzt
Und wiegt in sanfte Ruh', zu ihm, der mit dir scherzt.
Dein blonder Bruder Georges und Jeanne, ihr zwei allein
Füllt meine Seele ganz und laßt mich glücklich sein."*)

Wahrhaft rührend erscheint uns diese volle herzliche Hingabe des stolzen, starren Republikaners, wie sie, Anderes zu übergehen, auch in dem schönen Liede „Die Unschuldigen" sich ausspricht — jene zarten „Seelenknospen" preisend, die, zufrieden mit Gottes blauem Himmel und einem warmen Sonnenstrahl, das ganze wirre Menschentreiben sorglos und ruhig läßt.**)

---

*) „Où l'homme n'a pas d'ombre, où dans ses bras ouverts,
Quand il tient ses parents, l'enfant tient l'univers.
Votre jeune âme vit, songe, rit, pleure, espère
D'Alice votre mère à Charles votre père;
Tout l'horizon que peut contenir votre esprit
Va d'elle qui vous berce à lui qui vous sourit.
Votre blond frère George et vous, vous suffisez
A mon âme, et je vois vos jeux, et c'est assez."

**) „Mais les enfants sont là. Le murmure qui sort
De ces âmes en fleur est-il compris du sort? . . . .
Oh! que d'ombre! Tous deux chantent, fragiles têtes
Où flotte la lueur d'on ne sait quelles fêtes,
Et que dore un reflet d'un paradis lointain!
Les enfants ont des coeurs faits comme le matin;
Ils ont une innocence étonnée et joyeuse;
Et pas plus que l'oiseau gazouillant sous l'yeuse,
Pas plus que l'astre éclos sur les noirs horizons,
Ils ne sont inquiets de ce que nous faisons,

Nach der in diesen schönen Schilderungen kundgegebenen zärtlichen Liebe mußte es wohl den Dichter in tiefster Seele erschüttern, als ihm eben in jenen Tagen der Vater seiner Lieblinge, sein ältester Sohn Karl durch den Tod entrissen wurde. „Schlag auf Schlag, Trauer über Trauer!" muß der schwer heimgesuchte Dichter — dem das schreckliche Jahr in der That das schrecklichste geworden — klagend ausrufen und schmerzbewegt singt er dem Sohne die herrliche Nänie: „Karl! Karl! O, mein Sohn! Wie! Du hast mich verlassen! Ach, Alles flieht! Nichts ist beständig! Du entschwandest in jene hehre Helle, die für uns dunkel ist."*)

Und nun weiter nach dem eignen schweren Leid das Un=glück des Landes, der Stadt — der letzte schwere Schlag: die Uebergabe von Paris! „Capitulation" überschreibt der Dichter kurz die resignirten Verse, worin er mit rhetorischer Steigerung aufzählt, was Paris — größer als Troja, Tyrus, Numancia — Alles gethan und gelitten, um mit dem Geständniß: „Alles umsonst!" wie vernichtet zusammenzubrechen.

„So leiden Schiffbruch selbst die größten Völker!
Dem Mißerfolge diente all' dein Mühn,
Mein Volk! Nun sprichst du: Wie? Darum
Durchwachten wir die Nacht auf unsern Wällen,
Nur darum war man tapfer, stolz und groß
Und dient' als Scheibe für den Preußenpfeil?
Nur darum war man Märtyrer und Held?
Nur darum litten wir fünf Monden lang
Des tückischen Teutonen Stahlumklamm'rung?
Nur darum rangen wir und gruben Minen,

Ayant pour toute affaire et pour toute aventure
L'épanouissement de la grande nature;
Ils ne demandent rien à Dieu que son soleil;
Ils sont contents pourvu qu'un beau rayon vermeil
Chauffe les petits doigts de leur main diaphane;
Et que le ciel soit bleu, cela suffit à Jeanne."

*) „Charle! Charle! ô mon fils, quoi donc! tu m'as quitté!
Ah! tout fuit! rien ne dure!
Tu t'es évanoui dans la grande clarté
Qui pour nous est obscure."

Zerbrachen Brücken, litten Pest und Hunger,
Und machten Gräben, bauten Festungen,
Frankreich, und füllten mit den Leichengarben
Das Grab, die finstre Scheune all' der Schlachten?*)

Nach der tragischen Katastrophe gewinnt im Herzen des Dichters wieder ganz jene deutschfeindlich verbitterte und verbissene Stimmung die Oberhand, welche ihm zur Begründung des Satzes: „Nur darum handelt's sich, uns unser Geld zu nehmen" die boshafte Bemerkung eingab: „Als filziger Eroberer, als Sieger mit dem Bettelsack, denkt man an seinen kleinen Haushalt. Man will's Liebchen auf Kosten der Besiegten ausstatten, irgend eine blonde Nymphe mit einer — Pendule überraschen.**)

---

*) „Ainsi les nations les plus grandes chavirent!
C'est à l'avortement que tes travaux servirent,
O peuple! et tu dis: Quoi! pour cela nous restions
Debout toute la nuit sur les hauts bastions!
C'est pour cela qu'on fut brave, altier, invincible,
Et que, la Prusse étant la flèche, on fut la cible;
C'est pour cela qu'on fut héros, qu'on fut martyr; — —
C'est pour cela qu'on a cinq mois subi l'étreinte
De ces Teutons furtifs, noirs, ayant dans les yeux
La sinistre stupeur des bois mystérieux!
C'est pour cela qu'on a lutté, creusé des mines,
Rompu des ponts, bravé la peste et les famines,
Fait des fossés, planté des pieux, bâti des forts,
France, et qu'on a rempli de la gerbe des morts
Le tombeau, cette grange obscure des batailles!"
    W. König, a. a. O. S. 242.

**) „Il s'agit de ceci: nous prendre notre argent.
Conquérant pingre, on pense a son petit ménage.
On médite, ajoutant Shylock à Galgacus,
De meubler son amante aux dépens des vaincus;
On a pour idéal d'offrir une pendule
A quelque nymphe blonde . . . ."

Die „Pendules" sind jedem Franzosen eine so unumstößliche historische Thatsache, wie ehedem die Talglichter fressenden Kosaken. Treffend bemerkt gegen diese berühmte Qualificirung der „Prussiens" als Pendulen-Diebe der wackere Engländer Sinclair („Der deutsch-französische Krieg" S. 142 der deutschen Ausgabe) aus eigener Anschauung: daß die gepriesenen Pendulen, wie das meist unechte

Das arme Gretchen! Und so geht's in dem Tone weiter bis zum Schlußtrumpfe:

„Mit fünf Milliarden zieht man stolz heim zur Walhalla!"*)

Wiewohl dem Dichter doch bei dem Gedanken, daß die Franzosen schließlich einander selbst in wildem Bruderkriege zerfleischen, die Vendomesäule stürzen, welche deutsche Großmuth verschonte:

„Wie hätte man geschrie'n: Nein, nie! Und ihr, ihr thut's!"**),

ja zum letzten Ende gar die „heilige Stadt" in Brand stecken — einige bessere Erkenntniß aufdämmert, der Franzose muß den Dichter verleugnen. Der Stachel des Grolles hat sich tiefer in sein Herz gesenkt, und so singt er — ohne auch nur entfernt dem Gedanken eines durch die allwaltende Nemesis über Frankreich verhängten gerechten Strafgerichts nahezutreten — als echter poetischer Communard in erhöhtem Tone den Haß und die Rache:

„Geknebelt sind wir. Nun nicht — Brudervölker mehr!
Den Abgrund künd' ich an euch Räubern beuteschwer!
Stolz sagt der Franke euch, der knirschend trug die Kette:

Silberzeug, in der Regel doch kaum die Transportkosten werth gewesen. „Wenn aber wirklich die Deutschen so sehr zum Rauben und Plündern neigen, woher kommt es denn, daß man davon nichts im dänischen oder österreichischen Kriege gehört hat? Und warum haben sie dann nicht Paris geplündert, das ganz in ihrer Gewalt war und das eine reichere Beute abgegeben hätte, als die sämmtlichen übrigen in Frankreich vorhandenen Behausungen?" — Der oben erwähnte „Galgacus" war ein Celte der schottischen Hochlande, womit der naive Dichter, wohl zur allgemeinen Bezeichnung eines erobernden Heerführers, unsere Vergangenheit beschenkt. Grand merci!

*) Interessant ist gegen dies oft wiederholte Wehgeschrei der von Max Duncker („Abhandlungen zur preußischen Geschichte." Leipzig 1876) gegebene Nachweis, daß Preußen in den Jahren 1806—1813 über eine Milliarde, d. h. mehr als dreizehn seiner damaligen Brutto-Jahreseinnahmen an Frankreich entrichtet hat. Was will dagegen die französische Kriegsentschädigung vom Jahre 1871 sagen, die bei weitem noch nicht drei Brutto-Jahreseinnahmen des heutigen Frankreich gleichkam! Was dagegen das büstere B. Hugo'sche: „Avec cinq milliards on rentre au Walhalla?"

**) „Comme on eût dit: Jamais! Jamais! — Et vous le faites!"

Kein andrer Hort fortan als Haß, Haß um die Wette!
Die Deutschen lieben? Ja, wohl kömmt's an jenem Tag,
Wo man mit Siegerrecht euch Liebe bieten mag.
Der Friedensschluß, fürwahr, ist niemals frei und offen
Von denen, die, besiegt, noch ihre Rache hoffen.
Erwarten wir die Zeit, wo ihr von hohem Stand
Zu Füßen uns gestürzt — dann biet'n wir euch die Hand." *)

Eine schöne Aussicht: dem Besiegten, Niedergetretenen die französische Bruderhand! So meint's der große, großmüthige Victor Hugo, der, ein neuer Peter von Amiens, auf geduldigem Grauthier von Stadt zu Stadt und Dorf zu Dorf ziehend, den unfehlbaren Kreuzzug predigt, den frischen, fröhlichen Rachekrieg, und mit Emphase uns über die Vogesen zuruft:

„Vergebens zählt ihr doch, ihr Räuber unsrer Marken,
Auf schwachen Rachesinn. Wißt, Nachbarn, nur erstarken
Wird unsre wilde Wuth. Für Alle sag' ich euch,
Banditen, die ihr lebt im neuen Deutschen Reich:
Nein, wir vergessen nicht Elsaß und Lotharingen;
Nur kleine Weil' noch laßt sie grimmen Groll bezwingen.
Gewiß, wir säumen nicht. Schon ist das Schwert bereit,
Das Judith heldenkühn dem Wütherich einst geweiht."**)

*) „Nous sommes garrottés! Plus de nations sœurs!
Et je prédis l'abîme à nos envahisseurs.
C'est la fierté de ceux qu'on a mis à la chaîne
De n'avoir désormais d'autre abri que la haine.
Aimer les Allemands? Cela viendra, le jour
Où par droit de victoire on aura droit d'amour.
La déclaration de paix n'est jamais franche
De ceux qui, terrassés, n'ont pas pris leur revanche;
Attendons notre tour de barrer le chemin.
Mettons-les sous nos pieds, puis tendons-leur la main."

**) In einer seiner bilderreichen Ansprachen beliebte auch Papst Pius IX., mit nächster Beziehung auf Victor Emanuel, diesen alttestamentlichen Vergleich. Und auch für das jüngste päpstliche bon mot vom „modernen Attila" gebührt den Herren V. Hugo & Comp. die Priorität; eben diese letztere zarte Parallele steht bei ihnen in besonderer Gunst. So zeigt sich uns, auch im Kleinen und Zufälligen, eine recht interessante Uebereinstimmung der Anschauungen und Ausbrücke, eine sympathische Verwandtschaft der französischen Rachedichtung mit dem — durch das gerade Gegentheil diplomatisch glatter Rede bekannten — römischen Curialstyl. Als bestgehaßtes Volk sind wir beiderseits mit erlesenen Verwünschungen und

Ewig Gedenken euch! Krieg! Krieg und Rache!"*)
"Die Frankreichs Recht und Pflicht und seine heil'ge Sache!"
könnte man, den Reim zu vervollständigen, gewiß ganz im Sinne des Dichters und seiner Landsleute hinzufügen. In der Hoffnung, daß dieser wilde Kriegs- und Racheruf nicht so bald in Erfüllung gehe, scheiden wir von dem Dichter, um denn auch die hervorragenderen übrigen Vertreter der französischen Kriegs- und Revanchedichtung rasche Revue passiren zu lassen.

Neben dem V. Hugo fast gleichalterigen Auguste Barbier, dem bekannten Freiheitssänger, der "die Söhne der Hunnen mit den gierigen Händen und listigen Augen" kräftigst verflucht, wäre vorab als besserer Dichter Sully Prudhomme zu nennen, der in seinen Stanzen die Vertheidiger von Paris feiert und in elegischen Versen um die hundertjährigen riesigen Eichen klagt, die einst den Teich von Auteuil beschatteten und nun niedergeschlagen als Verhau gegen die Feinde dienen. Doch Poeten solch ruhigen Sinnes und maßvollen Tones finden wir selten: rari nantes in gurgite vasto! Wie unter dem Banne der erregten Zeit bei dem heißblütigen gallischen Temperamente wohl natürlich, begegnen uns fast nur die national bornirten, frischweg auf Français: succès reimenden Poeten der Revanche.

Flüchen gut bedacht. Was speciell Se. Unfehlbarkeit betrifft, so wäre gegen etwaige Remonstration unserer Ultramontanen doch daran zu erinnern, daß der Papst noch neulich in seiner Allocution an die — deutschen Bischöfe zu deren Trost deutlich genug auf die von der Vorsehung bestimmte Hülfe Frankreichs hinwies. Wo sonst sollte auch das bekannte Steinchen ins Rollen kommen, das den Koloß zertrümmern soll? Daß aber unsere Ultramontanen — die richtigen, von der Sorte des "Bayrischen Vaterland" und der "Germania" — allen Reichsfeinden von Ost und West, verschämt oder offen, jederzeit treulich secundiren, mag nur nebenbei erwähnt sein.

*) "Mais vous comptez en vain, voleurs de ma Lorraine,
  Sur mon peu de mémoire et sur mon peu de haine.
  Je suis un, je suis Tous, et ce que je vous dis,
  Tous les cœurs furieux vous le disent, bandits.
  Non, nous n'oublierons pas Lorraine, Alsace, ô villes,
  O chers Français, pays sacrés, soyez tranquilles,
  Nous ne tarderons point. Le glaive est prêt déjà,
  Que Judith pâle au flanc d'Holoferne plongea:
  Eternel souvenir! Guerre, guerre! Revanche!"

Besondere Beachtung verdienen da zunächst die „Idylles Prussiennes" von Théodore de Banuville.*) Wie dort der moderne Alarich oder Attila mehrfach parodirt, so muß auch Fürst Bismarck besonders herhalten. Eins der schärfsten und in seiner Art gelungensten Carmina ist das unserm Reichskanzler speciell dedicirte von der Rache der damals zu Paris allerdings hart bedrängten Ratten, das in der trefflichen Uebersetzung Wilh. König's (a. a. O. S. 234 f.) also lautet:

> In einem Winkelchen vom Park
> Schaun, auf dem Hintern sitzend, Ratten
> Hinüber zu Herrn von Bismarck
> Zu Ferrières im kühlen Schatten.
>
> Von Zorn sind ihre Augen heiß,
> Sie zeigen ihm die ros'gen Zungen,
> Die Ratten, schwarz und roth und weiß.
> So hat ihr Chorlied ihm gellungen:
>
> „Du weißer Küraffier, wer hieß
> Dir diesen Krieg, den unheilvollen?
> Ha, Völkerschlächter, dein ist dies
> Verdienst, daß sie uns essen wollen.**)

---

*) Paris, Alph. Lemerre 1871 (165 S. 8°). Wo nicht anders angegeben, sind auch die weiter genannten Dichtungen aus demselben Jahre und Verlage.

**)   LES RATS.

> Dans un coin retiré du parc,
> Les Rats, assis sur leurs derrières,
> Regardent monsieur de Bismark
> Sous les ombrages de Ferrières.
>
> Les yeux enflammés de courroux,
> Et lui tirant leurs langues roses,
> Les petits Rats blancs, noirs et roux,
> Lui murmurent en chœur ces choses:
>
> „Cuirassier blanc, qui te poussait
> A vouloir cette guerre étrange?
> Ah! meurtrisseur de peuples, c'est
> A cause de toi qu'on nous mange!

Du zahlst das Leid, das uns geschehn.
Weil du es bist, der uns erschlagen,
So wollen wir nach Preußen gehn,
Wir Ratten, spitzen Zahns zu nagen,

Bis deiner Thürme Bau zerreißt
Und deiner Festen Thore sinken,
Noch gier'ger als der Geier kreist
Im Aether über Bergeszinken.

In beiner bunklen Scheune dann
Spürst du uns unser Werk verrichten,
Dein Winterkorn frißt unser Zahn,
Bevor wir dein Archiv vernichten.

Dann nagen wir das Schriftchen auf,
Das Karl den Großen weiht, den neuen,
Des deutschen Kaisers Purpur drauf,
Auch ihn wird unser Zahn nicht scheuen.*)

---

*) Mais ce crime, tu le paieras.
Et, puisque c'est toi qui nous tues,
Nous irons, nous les petits Rats,
En Prusse, de nos dents pointues

Manger les charpentes des tours
Et les portes des citadelles,
Plus affamés que les vautours
Qui font dans l'air un grand bruit d'ailes!

Tu nous entendras dans le mur
De ton grenier, où l'ombre est noire,
Tout l'hiver manger ton blé mûr,
Avant de grignoter l'armoire!

Puis nous rongerons l'écriteau
Qui sacre un nouveau Charlemagne,
Et même le rouge manteau
De ton empereur d'Allemagne,

Und stetig, stetig, aber sacht,
Mit scharfem Zahne, frisch und munter
Zersetzen beißend Tag und Nacht
Wir allen den Theaterplunder.

Vor deiner Diener Augen drauf
Schneiden wir dir, dem Philanthropen,
Des garst'gen Netzes Maschen auf,
In das du fesseln willst Europen." *)

Ein andermal sehen wir Bismarck in einer lebhaft an die groteske Komik der mittelalterlichen Todtentänze erinnernden Situation. „Der rauhe Athlet" wird vom Tode, der nach altem Brauch den Purpurmantel und nun dazu den preußischen Helm trägt, in Schlummer gewiegt. Die gute sorgsame Amme macht ihm sein Kopfkissen zurecht. „Er ist müd, der Arme, vom Fest, das er mir mit seinen Heloten bereitet; das Blut steht ihm hoch in den Stiefeln. Mir warme, purpurfeuchte Beute zu verschaffen, hat er bis zum Morgen gewacht; es ist wohl Zeit, daß er nun ruhe."**) So spricht der Tod halblaut, während der „Ulanenchef" in seinem Arm von Gemetzel, von jammernden Verwundeten träumt, bis er endlich ruhig, glücklich,

---

*) Toujours, toujours, à petit bruit,
D'une dent aiguë et folâtre
Mâchant et mordant, jour et nuit,
Ces accessoires de théâtre;

Puis, sous les yeux de tes valets,
Nous couperons, ô philanthrope!
Les mailles des hideux filets
Où tu veux enfermer l'Europe!"

**) „Il est fatigué du gala
Qu'il a fait avec ses ilotes.
Il revient de la fête; il a
Du sang jusqu'au haut de ses bottes

Pour me préparer mon butin
Qu'une pourpre vivante arrose,
Il a veillé jusqu'au matin:
Il est bien temps qu'il se repose!"

ohne Gewissensbisse einschläft. Die unheimliche Wärterin neigt sich von Zeit zu Zeit über das liebe Kind, es zu herzen, und bläst ihm auf einem Armknochen ein Schlummerlied.

Und wiederum sehen wir „ce monsieur de Bismark", den Urheber und Anstifter alles Uebels, in ergötzlicher Metamorphose als Koch auftreten, der „die Pariser in ihrer eigenen Brühe schmoren" will. So ist er denn dem entsprechend costumirt: in weißer Jacke und Schürze, und auch den blanken Schädel mit der weißen Mütze bedeckt. Fest stößt er das Messer in die Kehle des Opfers und fängt geschickt das strömende Blut auf. So bereitet er, nach alter Griechensitte Fett und Eingeweide den Göttern opfernd, sein leckeres Mahl und vergnügt kann er eines Tages von uns, den wahren Parisern, sagen: Sie waren gut, ich aß davon — „ils étaient bons, j'en ai mangé!"

Neben Bismarck darf natürlich Moltke nicht fehlen. In einem Zimmer zu Ferrières ist er mit König Wilhelm und Bismarck — ein Trio, gleich den ihr Mordlied heulenden Schicksalsschwestern im Macbeth. Moltke sagt nichts, er studirt die Karte. Die beiden Andern plaudern. Bismarck, in seiner besten Laune, will nach Frankreich England, Spanien, Italien, ganz Europa erobern, dann Afrika, Asien, Amerika. „Wir stecken Alles ein!" Dann wär's wohl Zeit zu ruhen! „Ja, wir kehren heim, Majestät, Sie und ich. Aus jedem lebenden Menschen einen Preußen machen, das genügt! Alles essen und trinken stillt am Ende Hunger und Durst. Und schließlich kann man doch den Mond nicht nehmen, das wäre zu verfänglich. Doch, sagt Moltke, ich hab's ausgerechnet, man kann ihn nehmen." *)

---

*) „Oui, nous rentrerons, Vous et moi.
Faire un Prussien de chaque homme
Vivant, cela suffit, ô Roi!
Quelles que puissent être, en somme,

Et notre soif et notre faim,
Tout boire et manger guérit l'une
Ainsi que l'autre; puis enfin
On ne peut pas prendre la lune.

Den so harmlos klingenden Titel „Idylles Prussiennes" fast parodirend, lassen die hier vorgelegten Proben eher die einschneidende Schärfe der Satire erkennen, wie denn auch der Dichter selbst im Vorwort diesen Charakter geradezu hervorhebt. Anknüpfend an das bekannte Goethe'sche Wort, daß alle wahre Dichtung im Grunde Gelegenheitsdichtung sei, stattet er da dem Herausgeber des National, worin diese echten Gelegenheits= gedichte und Stimmungsbilder zuerst erschienen, seinen Dank ab, daß er ihm Anlaß gegeben, auf eine improvisirte komische Bühne zu steigen und von dort an die lauschende Menge seine abwechselnd ironische, zornige und enthusiastische Parabase zu richten. Und das sympathische Echo im Publikum gab dem Dichter zu ver= stehen, daß seine spitzen schwirrenden Pfeile ihr Ziel trafen.

Von anderen zum Theil massiveren satirischen Stückchen hier absehend — nebenbei bemerkt, sind nebst den fünf Milliar= den auch die Gothen und Hunnen mit Alarich und Attila wie= der da — lassen wir einige schon mehr „idyllische" Bilder folgen. Da ist zunächst unser gutes Gretchen, den Franzosen aus Gounod's Faust als sentimentale Pariser Grisette bekannt. Marguerite Schneider heißt die Holde, die an ihren geliebten Füsilier Hans Dietrich schreibt, er möge ihr, wenn's zum Plün= dern komme, doch ein Paar hübsche Ohrringe bei Seit legen. Der galante Dichter, der vermuthlich den Brief aufgefangen, thut's billiger, er verehrt Margarethen — zwei Blutstropfen, die wie verzaubert immerdar auf ihr weißes Kleid niederzufallen drohen! So soll das arme liebe Kind vor aller Welt gekenn= zeichnet sein. Hans Dietrich mag schon sonst was finden und mitbringen. „Aus einem Lande, das sie nicht nährt", haben ja die armen deutschen Soldaten einige kleine Dieberein nöthig. Den g r o ß e n Raub besorgen ihre Fürsten, die — mögen auch die erhabenen Geister der Vergangenheit, ein Lessing, Goethe, Schiller, erzürnt vom Himmel niederfahren — gemüthlich

Quiconque s'en serait chargé
Risquerait fort à l'entreprendre.
— Si, dit alors de Moltke, j'ai
Fait mes calculs: on peut la prendre!"

ganze Städte und Länder in ihren großen, nimmersatten Bettel=
sack stecken. *)

Einige andere Gedichte elegischen Tons, wo sich der Dichter
mit gutem Takt aller störenden Nebenreflexionen enthielt, machen
einen reinen, wehmüthig ergreifenden Eindruck, so wo er die
deutschen Frauen um ihre Gatten und Söhne jammern läßt
(„Les Allemandes") oder im monotonen Rauschen der einst
so frohbelebten Springbrunnen rührende Todtenklagen zu ver=
nehmen glaubt und mit Thränen all des Blutes denkt, das dem
Schlachtengotte fließt („Les Fontaines").

Einen stark komischen Beigeschmack hat für unser Gefühl
die überaus naive Schilderung: „Ein todter Preuße". Wie
frieblich er da schlummert, der blauäugige, blondlockige junge
Barbar! Gewiß war's ein Dichter, denn ein Bändchen Pindar
(„un volume grec de Pindare") sah halb aus seiner Tasche.
Wie werden Braut und Mutter um ihn trauern! Und das war
wieder nur des bösen Bismarck Schuld!

Zu höherem Schwunge erhebt sich des Dichters Lied, wo
er das Vaterland preist. Wie liebte er es im Glücke, als man
mit Stolz darauf wies: Seht, das ist Frankreich! Nun es
niedergeworfen blutet, betet er es an und ruft schluchzend, die
theuren Hände küssend: Meine Mutter! — Wie mußte da wohl
den von so leidenschaftlichem Patriotismus beseelten Dichter die
erste Siegesnachricht von Orleans im Innersten ergreifen und
erregen! Unser: „Spät kommt ihr, doch ihr kommt!" bezeichnet
genau das Gefühl, womit der Dichter, in der ersten Freude
über die so bescheiden von einer kleinen grauen Taube gebrachte
frohe Botschaft, die ach! so bald wieder flüchtige Siegesgöttin
begrüßt:

„Du bist also müde, Victoria, auf niederen Wegen schlei=
chend, dem deutschen Küraßträger zu folgen! Du kehrst wieder!

---

*) Vgl. die Gedichte „La Besace" und „La Flèche" und
aus letzterem die bezeichnende Strophe:
„O Germains! que vos rois se louent
De recoudre leurs vieux États;
Ces divins spectres désavouent
Leurs lauriers et leurs attentats!"

Willkommen in den Reihen, woraus man dich verbannte! Zu uns gehörst du und du bist da! Die Vergangenheit war ein Traum! Schau uns an mit deinen hellen Augen, theure Ungetreue, deren Schwert über unsern Häuptern blitzt! Hurrah! Unsere Soldaten von der Loire haben Orleans genommen, Orleans, die stolze Stadt, aus der einst Johanna die Engländer vertrieb! Auch diesmal wird die Heldin mit uns sein und, der Horde Bismarck's entgegentretend, dem Vaterlande sichere Rettung und neuen Ruhmesglanz verleihn!"*)

---

*) „Blessé, mourant, traînant son aile,
Un pauvre pigeon gris et blanc,
Apportant la bonne nouvelle,
Est arrivé, taché de sang.

Donc, ô Victoire, tu te lasses
De suivre machinalement,
En rampant dans les routes basses,
Le porte-cuirasse allemand! —

Tu reviens! sois la bienvenue!
Dans les rangs d'où l'on t'exila
Tu ne pouvais être inconnue,
Puisque tes amants étaient là! — —

Mais te voilà! C'était un rêve.
Regarde-nous de tes yeux clairs,
Chère infidèle, dont le glaive
Met sur nos têtes des éclairs!

Recommençant notre histoire
Dans un long combat de géants,
Hurrah! nos soldats de la Loire
Ont, en deux jours, pris Orléans!

Orléans! c'est là que la France
Trouve son plus cher souvenir;
C'est de là que la délivrance
Vers nous encor devait venir. — —

Oui, sans cesse, ô fatal présage!
Le troupeau mené par Bismark
Rencontrera sur son passage
La figure de Jeanne d'Arc!"

Mit Paris, mit ganz Frankreich theilte der Dichter diese Illusionen, diese chimärische Hoffnung. Dem Freudenrausche, dem Jubelsturm, der mit tausend Stimmen rief: „Vorbei die Noth und unser der Sieg!" folgte nur zu bald die Ernüchterung. Immer enger und fester zieht sich um die gewaltige Stadt der Eisen- und Flammenring; immer höher steigt die Noth in dem vordem so üppigen Paris. Doch seine Bürger verzagen nicht, heiteren Sinnes tragen sie alle Leiden und Entbehrungen. Reizend schildert der Dichter die dort über verführerischen Genüssen so lange verloren gewesene stille, zufriedene Häuslichkeit; Frau und Kinder sind glücklich über den mit einmal — Dank den Preußen! — so solid gewordenen Hausherrn.*)

Lachend verkauft auf dem Markte, wo man für die Tafel der Reichen nun gar Kanarienvögel ausbietet, ein kleines sechsjähriges Mädchen seine Granatsplitter. Wie Spartanerinnen geben die Mütter ihre Söhne freudig hin, Alles opfert sich, für die Existenz mit einem trockenen Stück Haferbrod zufrieden, dem Vaterlande. Die letzten Kämpfe nahen und — der letzte Rückzug, den der Dichter — dem leidenschaftlich anklagenden Aufschrei V. Hugo's ganz entgegen — mit edel gefaßter, ruhiger Resignation beschreibt: „Düster, die Stirn gesenkt, kehren die Tapferen zur Stadt zurück. Kein Kampf mehr, kein Fest; 's ist aus damit für lange Tage! Ohne Trompeten- und Trommelklang ziehn sie dahin, den Kolben in die Luft gekehrt, die Fahnen florumhüllt. Kalt wie auf der Parade, schreiten daneben die Offiziere; sie denken der Kameraden, denen ein schöner Tod vergönnt war."**)

---

*) „Et chacun reste avec les siens,
Riant à l'enfant qui babille,
Grâce à messieurs les Prussiens,
Qui nous ont rendu la famille!"

**) „Tristes d'une douleur austère,
Nos combattants, mornes, surpris
Et leurs fronts baissés vers la terre,
Viennent de rentrer dans Paris.

So weit von Th. de Banville's „preußischen Idyllen". Wenn auch einige derselben uns nicht gerade sympathisch sein können, ein sittlicher Kern, eine eblere Haltung ist in manchen nicht zu verkennen, und gern lassen wir das Urtheil Wilh. Königs (a. a. O. S. 240) gelten, der den besten derselben wegen ihrer schönen Rundung, ihres warmen und ächten Vaterlandsgefühls einen dauernden Ehrenplatz in der französischen Lyrik anweist. „Die leichte Erregbarkeit einer begabten Nation von besonders stark erregter Subjectivität, die es in augenblicklicher Aufwallung nicht gerade allzu streng mit Wahrheit und Unwahrheit nimmt, die damit im Zusammenhang stehende Lust, den Gegner zu verunglimpfen und durch kleine Züge lächerlich zu machen, dabei aber eine wirkliche ächte Vaterlandsliebe — das sind die Charakterzüge, die hier vorwiegend zum Ausdruck kommen."

Noch eine treffende apologetische Bemerkung Königs (a. a. O. S. 233) mag, obgleich allgemeineren Bezuges, zu richtiger Beurtheilung auch der uns verletzenden Extravaganzen Banville's hier am Platz sein. „Unseren Nachbarn ist die Gabe der Beobachtung, der scharfe Blick für Personen und Verhältnisse angeboren, ebenso der Witz; sie haben beide in immer steigender Progression ausbilden können, weil bei ihnen das gesellige Leben, der gesellschaftliche Verkehr von jeher eine bei weitem höhere Bedeutung gehabt hat, als bei einem anderen

---

    Plus de bataille! Plus de fête!
    C'en est fini pour de longs jours,
    Et l'on n'entend plus à leur tête
    Ni les clairons ni les tambours! —

    Leurs fusils qui déchiraient l'ombre
    Avec un flamboyant éclair,
    Sont entourés d'un crêpe sombre.
    Ils les portent, la crosse en l'air. — —

    Leurs officiers, comme aux parades
    Impassibles, marchent au pas;
    Et pensent à leurs camarades
    Qui trouvèrent de beaux trépas."

Volke. Daher kommt es zum Theil, daß keine Nation Carri=
caturen-Zeichner wie die ihrigen aufzuweisen hat, so eigenartige
Erscheinungen, wie Gavarni oder Bertall. Daher kommt es,
daß wenigstens Deutschland keinen Schriftsteller hat, den es in
Bezug auf Schärfe und Unerbittlichkeit der psychologischen Ana=
lyse einem Balzac an die Seite stellen könnte, oder Journalisten,
die es an elegantem schneidendem Witze mit den französischen
aufnähmen. In Zeiten so furchtbarer Erregung, wie in jenem
Jahr, mußte dieser nationale Charakterzug scharf und bestimmt
hervortreten, nur allzu oft roh und verletzend. So können wir
uns nicht wundern, daß gerade das Bild der Personen, welche
der Stolz und die Liebe unseres Volkes sind, bisweilen herb
verunglimpft wird."

Wir beziehen dies mit hochsinniger Objectivität auch dem
Gegner gerecht wägende Urtheil, wie gesagt, vornehmlich auf
Banville, dessen Dichtung, auch wo sie uns verletzt, durch einen
gewissen originellen Humor gewürzt erscheint, während bei man=
chen anderen dieser Revancheurs neben der platten Mittelmäßigkeit
nicht selten die bare Rohheit und Gemeinheit zu Tage tritt. Die
Betrachtung ihrer poetischen Producte hat für uns in Wahrheit
oft ein weniger ästhetisches als pathologisches Interesse. Doch
zur genaueren Zeichnung der Situation, zur Vervollständigung
unseres Bildes müssen nach den bei ihnen zu Haus als classisch
angesehenen Poeten auch die minder bedeutenden, ja selbst die
plebejischen und proletarischen zu Worte kommen.

Wir beginnen mit Eugène Manuel, in dessen Samm=
lung „Pendant la guerre" *) neben Verwünschungen des Krieges
und des Kaisers, der ihn hervorgerufen, noch ein edel gemäßig=
ter, elegischer Ton vorwiegt. So in dem zartgefühlten, an
Maria Stuart's Gruß: „Eilende Wolken" gemahnenden Ge=
dichte „Die Brieftauben der Republik". Einst Boten der Liebe,
bringen sie uns jetzt, auch sie in den Dienst des rauhen Krieges
gestellt, Botschaften der Hoffnung, und von Mund zu Munde
fliegt das tröstende Wort: „Man kommt!" — Ergreifend schil=
dert das Gedicht „Ohnmacht" (Défaillance) die trostlose Lage

---

*) Paris, Michel Lévy Frères 1872 (178 S. 8°).

Frankreichs im Januar 1871: „Von schrecklichen Schlägen zer=
schlagen, bleich, wankend, abgehetzt, liegt Frankreich da. Die
blutige Fluth überzieht das Vaterland, der Wolf des Nordens
läuft in unsern Gehölzen; wie vor Zeiten sind der Hunne, der
Sueve, der Vandale gekommen."*) Verwüstet ist die noch vor
kurzem in tausend Reizen prangende Umgebung von Paris, in
feurigen Bogen fliegen die Bomben durch die Lüfte; das Roß
des Ulanen badet in der Seine die brennenden Nüstern. Wie
der Löwe im Käfig, sehen wir die rohe Horde an uns vorüber=
ziehen. Doch „Geduld, Vertrauen!" sagt der Dichter zum
Freunde, der ihn mahnt, das schwere Leid zu vergessen und die
nöthige Ruhe wieder zu gewinnen. „Ihr Todten all, die ihr
fallt im Namen des Vaterlandes, ich kann euch nicht vergessen!
Und du, kannst du's denn? Lebtest du auch nur einen Tag
ohne Trunkenheit und ohne Fieber? Hast du nicht, wie ich, im
Herzen, auf der Lippe die rasende Wuth des Besiegten? Lassen
wir die Zeit vergehen, lassen wir im geheimen Dunkel der Ver=
gessenheit die Hoffnung wieder erstehen; lassen wir auf dem
Grabe unserer Todten das Gras ersprießen und die Blume
wieder blühn! Später werden wir die Last, die du heben willst,
abschütteln, das kochende Blut beruhigen, später, wenn wir wie=
der aufrecht stehn, den gerissenen Faden aller unserer Träume
wieder anknüpfen."**)

---

*) „Ami, la France est là, de coups affreux meurtrie
   Pâle, chancelante, aux abois;
   La sanglante marée inonde la patrie,
   Le loup du Nord court dans nos bois;
   Comme jadis, le Hun, le Suève, le Vandale,
   Sous la capote du Prussien,
   Sont venus."

**) „Morts obscurs qui tombez au nom de la patrie,
   Je ne peux pas vous oublier!
   Et toi, le peux-tu donc? sans ivresse et sans fièvre,
   Même un seul jour, as-tu vécu?
   N'as-tu pas, comme moi, dans le coeur, sur la lèvre,
   La rage folle du vaincu?
   Laissons couler le temps, laissons l'espoir renaître
   Dans le secret de nos oublis;
   Laissons l'herbe pousser et la fleur reparaître

Ja, einst wird unser Frankreich — jetzt Räubern zur Beute (en proie aux larrons) — sich wieder kampfbereit erheben! „Schon hat es sein Schmerzenslager, wo sein Blut floß ohne zu versiegen, wo sein starrer, wilder Blick das äußerste Leid aussprach, verlassen. Schon wischte es die mit Ekel gemischte Scham von der bleichen Lippe, mit leuchtendem Auge sucht es sein Schwert. Es lächelt, es erhebt sich, es ist aufgestanden — es steht aufrecht!"*)

Leicht wohl läßt sich hiernach ermessen, mit wie gehobenem Gefühle der Dichter die endliche Räumung des französischen Gebiets begrüßen mußte. Und gern erkennen und würdigen wir das stolze Pathos des gelegentlich einer Vorstellung zum Besten der Befreiung des Territoriums, am 27. Februar 1872, im großen Theater zu Marseille recitirten Prologs „Délivrance!" Es ist ein edel gefaßter, schwungvoller Appell an die Opferwilligkeit des vom Feinde frei gebliebenen Südens: Mögen reiche Gaben aller Lebensalter und Stände, der Welt zum Staunen, Frankreichs Wappenschild, mit strahlendem Glanze vergoldet, aus tiefem Sturz wieder emporheben!**) Möge diese

---

Sur tous nos morts ensevelis!
Nous secouerons plus tard ce poids que tu soulèves,
Nous calmerons ce sang qui bout;
Nous renouerons le fil rompu de tous nos rêves,
Plus tard, — si nous sommes debout."

*) „Oui, la France a quitté la couche
    Où son sang coulait sans tarir,
    Où son regard fixe et farouche
    Disait tout ce qu'on peut souffrir;
    Elle a, faible encor de sa fièvre,
    Essuyé sur sa pâle lèvre
    La honte mêlée au dégoût;
    Elle a, des yeux, cherché son glaive;
    Elle sourit, elle se lève,
    Elle est levée: — elle est debout!"
                                      (Les Absents.)

**) „France, tu peux donner un beau spectacle au monde,
    D'un éclat radieux dorer tes écussons
    Et faire dire à ceux que ta chute profonde
    Etonnait: Cette foi, nous la reconnaissons!"

patriotische „croisade de l'or" bald. den schönen Tag herbei=
führen, wo man den verhaßten Fremdlingen, die unsere Ruhe=
statt theilen, die der Neugeborenen erster Blick als Sieger schauen
muß, stolz sagen kann: „Da, nehmt! Macht euch fort! (Tenez!
Prenez! allez-vous-en!) Zum Schluß schildert der Dichter
den mit Frankreichs Golde erkauften feindlichen Abzug, dessen
glänzendes Bild sich von der unterbreiteten dunkeln Folie, der
anschaulich ausgemalten Schilderung der Leiden und Drangsale
des occupirten Landes, effektvoll abhebt.

Jubelruf schallt von Berg zu Thal, man weint vor Freude,
man drückt einander die Hand, „wenn endlich unsere Gefilde von
der annoch lastenden Schmach frei sind, wenn der freie Bürger sein
Haus schließt, zu sehen, wie in dumpf verhallendem Marschschritt
der letzte Helm am Horizont verschwindet! — Endlich! Dann
kannst du, o Frankreich, den Blick auf die Zukunft gerichtet, frei
gehen und dich regen und mit frischer Hoffnung an dem großen
Tagewerk der Pflicht arbeiten; dann, wie beim Scheiden eines
schrecklichen Traumes, die blutigen Phantome, die deinen Schlaf
umzogen, verjagen und, aus deinem Boden neue Lebenskraft
schöpfend, eine vergebens vom Blitz getroffene Eiche, im Sonnen=
strahl wieder ergrünen!"*)

So gibt der Dichter der patriotischen Klage und Hoffnung
beredten und ergreifenden Ausdruck. Aber auch schrille, schnei=
dende Töne sind seiner Leier nicht fremd, so besonders in seinem
„Samson", in dessen tragischem Bilde uns das trauernde,
jammernde Frankreich vorgeführt wird. Zugleich als ein Bei=

---

*) „Quand nos champs seront purs de la honte présente;
Quand, libre, l'habitant fermera sa maison,
Tandis qu'au bruit mourant d'une marche pesante
Un dernier casque aura dépassé l'horizon!

Enfin! — Et c'est alors que tu pourras, ô France,
Les yeux sur l'avenir, marcher et te mouvoir,
Avec la liberté reprendre l'espérance,
Travailler à la tâche immense du devoir;

Chasser, comme au sortir d'un effroyable rêve,
Les fantômes sanglants qui peuplaient ton sommeil,
Et, puisant dans ton sol une nouvelle séve,
Chêne en vain foudroyé, reverdir au soleil!"

spiel — nicht gesagt Muster — einer ausgeführten, detaillirten Allegorie möge das sehr bezeichnende Gedicht unverkürzt hier Platz finden.

„Wie einst Samson liegst du da, theures Land, die Fäuste gebunden, den Rücken gekrümmt, das Haupt kahl geschoren! Waffenlos brüllst du unter dem Fuße, der dich zertritt, und Preußen höhnt dich, eine schreckliche Dalila! Kraftlos sind deine Muskeln, und deine ohnmächtige Wuth nagt den deine starke Weiche zwängenden Strick. Straßburg und Metz, zwei ausgestochene Augen in deinem starren Antlitz, haben nur noch blutige Thränen! Grausam und ohn' Erbarmen ließ das Eisen dein volles blondes Haar, unser theures Elsaß, fallen, und während deine Stirn sich unter der Unbill beugte, sagten die Philister: „Wir sind die Stärkeren!" Dein Lösegeld zu zahlen, dreh im Schweiß deines Angesichts den Mühlstein! Mit Seufzen antworte auf rohes Gelächter! Trink deine Schmach in langen Zügen, nähre taub deinen Zorn, dem Gott einen Ausgang schaffen wird! Geduld! Dein Herz, mit Schimpf überströmt, bereitet seine Rache und sinnt auf Vergeltung. Dagon wird die Pfeiler seines Tempels einstürzen sehen; Geduld, Besiegter: deine Haare werden sprießen!"*)

---

*) SAMSON.

Février 1871.

„Tel qu'autrefois Samson, cher pays, te voilà
Les poings liés, le dos voûté, la tête rase!
Tu rugis désarmé sous le pied qui t'écrase!
Et la Prusse te raille, horrible Dalila!

Tes muscles sont sans force, et ta rage débile
Mord la corde enroulée à ton robuste flanc.
Strasbourg et Metz n'ont plus que des larmes de sang,
Comme deux yeux crevés sur ta face immobile!

Le fer a fait tomber, cruel et sans remords,
L'Alsace, ta puissante et blonde chevelure;
Et tandis que ton front se courbe sous l'injure,
Les Philistins ont dit: „Nous sommes les plus forts!"

Ganz im Charakter dieses Samson, nur weit boshafter, gehässiger, fanatischer im Ton sind die "Poëmes de la Guerre 1870—1871" von Emile Bergerat.*) Auf eine den bekannten Todesritt der französischen Küraſſiere bei Wörth verherrlichende Mac=Mahonade ("Les Cuirassiers de Reichshoffen"), ein so zu sagen von Pulverdampf umzogenes Schlachtbild, folgt da zunächst (S. 13—27): "Le Maître d'École", die lange Abschiedsrede eines Schulmeisters, der als Franctireur zum Tode geführt wird. Da hören wir denn u. A., wie er ſeine aus Baden bezogene Frau — "elle était protestante, et mon culte est romain" — nachdem er "pour la guerre sainte" Haus und Schule in Brand gesteckt, ihren Eltern zurückbringt.

"Die Sturmglocke tönt und verhallt — für immer! Als ich mit der Frau, die ich liebte, allein war, führte ich sie noch einmal bis zum Dachstuhl durchs Schulhaus. An allen unſern geliebten Ecken sagte ich zu ihr: Da sieh, da sieh! Schau wohl! Es ist das letzte Mal! Und dann legte ich, das Gesicht abwendend, Feuer an. Zwei Tage darauf war ich in Baden. Ihre alten Eltern weinten. Da, ich geb' ſie euch wieder, sagte ich, ihre Liebe hatte sie außer Landes geführt. Da ſind auch die hundert Thaler Mitgift, zählt ſie; ich kann nichts von euch behalten, ich bin Franzose! Und du, verzeihe mir, daß ich dich mir vermählt! Ich hatte nicht das Recht, dich zu lieben! Ich hätte deine großen blauen Augen hassen sollen. Doch die Liebe ist schlimmer Art, ſie hat das ganze Menschengeschlecht irregeleitet! 's ist übel gethan, wenn wir unsere Seele in unseren Küssen

---

Pour payer ta rançon, tourne ta meule et sue!
Réponds au rire épais par un gémissement!
Bois ta honte à longs traits, et nourris sourdement
Ta colère, à qui Dieu saura faire une issue!

Patience! ton coeur, d'où déborde l'affront,
Prépare sa vengeance et médite un exemple.
Dagon verra crouler les piliers de son temple;
Patience, vaincu: tes cheveux pousseront!"

*) Paris, Alph. Lemerre, 1871. 204 S. 8°.

tauschen! Unsere beiden Länder, meine Theure, werden dadurch
getränkt! Unser Glück stiehlt ihnen einen Theil ihres Hasses."*)
 Bot der „Schulmeister" eine mitunter noch harmlose,
fast idyllische Seite, so bringt das rhetorisch übertreibende De=
clamationsstück „Strasbourg" (S. 31—37), die wilde Rache-
wuth zu vollem, gesättigtem Ausdruck. Es schildert zunächst die
vandalischen Eroberer, ein knechtisches Volk, geboren den Besen
zu führen (né pour manier le balai), auf deren breitem Rücken
der Stock sich so wohl und ganz daheim fühlt (cette épaisse
omoplate où le bâton se sent chez lui). „Doch nur Geduld!
Man sieht diesen Träumern auf den Grund! Man weiß sie
schon zu schätzen, diese Krieger vom Comptoir, die Krieg führen,
wie man Wucher treibt! Diese plumpen Buschklepper, so wohl
bewandert in Milliarden, biblischer Geschichte und Schuldscheinen!
Diese langsam redenden ästhetischen Leute, die, um ihr „Vater=
land" zu gründen, unsere Pendulen nöthig hatten!"**) Ihnen

---

 *) „Et la cloche cessa de tinter à jamais!
  — Quand je fus seul avec la femme que j'aimais,
  Je lui fis parcourir l'école jusqu'au faîte.
  A tous nos coins chéris je lui disais: „Tu vois!
  Tu vois! regarde bien! C'est la dernière fois!" —
  Et j'y portais la flamme en détournant la tête.

  Deux jours après, j'étais à Bade. Les parents
  Pleuraient, car ils sont vieux! „Tenez, je vous la rends,
  Leur dis-je; son amour l'avait dépaysée!
  Voici les cent écus de sa dot, comptez-les;
  Je ne puis rien tenir de vous, étant Français! —
  Et toi, pardonne-moi de t'avoir épousée!

  Je n'avais pas le droit de t'aimer! Je devais
  Haïr tes grands yeux bleus, car l'amour est mauvais;
  Il a fait dévoyer toute la race humaine!
  Lorsque nous échangeons notre âme en nos baisers,
  C'est mal! nos deux pays, ma chère, en sont lésés!
  Notre bonheur leur vole une part de leur haine."

 **) „Patience! on en voit le fond
   De ces rêveurs! On les mesure,
   Ces guerriers de comptoir qui font
   La guerre comme on fait l'usure!

sei denn ewiger, unaustilgbarer Haß verkündet, ein Haß, den in seiner tödtlichen Vererbung nichts niederschlägt.*)

„L'Alsace restera française!" heißt daher der Ruf, worauf die Antwort: „La France se fait alsacienne!" Zur Bekräftigung dieser Solidarität spricht der Dichter vor allem dem theuern Straßburg Trost und Muth ein. Zweimal Franzosen sind, die dort geboren, ohne Straßburg kann Frankreich nicht leben! Darum die peremptorische Aufforderung an alle wahren Patrioten: „Zerreißt die geschlossenen Verträge! Zu Straßburg schlummert Frankreich! Wir sind die Gefangenen: zu Straßburg sind die Taubenschläge, wohin unsere Tauben zurückkehren werden! Straßburgs Luft fehlt uns! Straßburg immer, Straßburg bald! Da ist unsere Heimath oder unser Grab!"

Des Glaubens solle man den edlen, zu Blut aufgährenden Wein der Rache ziehn, den alten Wein, dessen Rebstock der

---

„Ces lourds chevaucheurs de brouillard,
Si ferrés sur le milliard,
L'histoire sainte et les cédules!
Gens d'esthétique, au parler lent,
Qui pour fonder leur Vaterland,
Avaient besoin de nos pendules!"

Und wirklich nochmals (S. 98) erscheinen die Pendulen, woneben natürlich auch (S. 88 und 94) die Gothen, Hunnen und Attila nicht fehlen.

*) „Une haine que rien n'apaise
Dans sa mortelle hérédité!"

Wir fügen dazu aus dem folgenden Dialog „Les deux Mères" die der Französin in den Mund gelegte grimmige Aeußerung: „Alles ist aus; der Haß ist gesät! Er keimt! Der Rhein begrenzt nicht mehr die kommende Ernte!" Und auf die deprecirende Vorstellung der deutschen Mutter: „Der Rhein wird überströmen vom Blut der Säuglinge! Das Thor ist zu offen, man muß es schließen!" erwiedert die Unversöhnliche: „In Frankreich ist die Rache eine Vendetta, ein Mord verpflanzt sich da wie ein Erbstück!"

„Tout est fini; la haine est semée! elle germe!
Le Rhin ne borne plus les futures moissons! —
Le Rhin débordera du sang des nourrissons!
La porte est trop ouverte, il faudra qu'on la ferme! —
En France, la vengeance est une vendetta,
Un meurtre s'y transmet ainsi qu'un héritage!"

Haß pflanzte. „Weinstock, eile dich zu reifen! Denn unser Haß ist sehr alt! Wir wollen nicht sterben, eh' wir dich geerntet! Sonne, verfünffache deine Strahlen! Und wir, halten wir eine Weile am Hange der Hoffnung; wiegen wir sie ein, die erzürnte Zeit! Gott wird im Dunkel sein, wenn Frankreichs Licht erlischt!"*)

Wie überhaupt, so besonders in dem vorhin erwähnten „Les deux Mères" bekennt sich Bergerat als entschiedener, radicaler Republikaner und so ergeht er sich gern in heftigen Verwünschungen und bittern Anklagen des Krieges, dieses blutigen Tyrannenwerks. Wir wissen freilich schon, was von solchen sentimentalen Friedenswinseleien, solchen — auch bei den übrigen Sängern der Revanchedichtung nicht eben seltenen — philanthropischen Declamationen zu halten ist. Sie verwünschen eben nur den Krieg, den Frankreich so leichtfertig („coeur léger!") angefangen und — verloren hat. Und so ist es im letzten Grunde derselbe nackte, Alles neben sich vergessende Egoismus, der auch einen Victor Hugo die nach ihm benannte Kanone besingen läßt.**)

---

*) „Déchirez les pactes conclus:
C'est à Strasbourg que dort la France!
C'est nous qui sommes prisonniers:
A Strasbourg sont les pigeonniers
Où retourneront les colombes!
C'est l'air de Strasbourg qu'il nous faut!
Strasbourg toujours, Strasbourg bientôt!
Là sont nos foyers — ou nos tombes! — —

Vigne! hâte-toi de mûrir!
Car notre haine est bien âgée!
Car nous ne voulons pas mourir
Avant de t'avoir vendangée!
Soleil, quintuple tes rayons!
Et nous, pour une heure, enrayons
Sur la pente de l'espérance,
Et berçons le temps irrité!
Dieu sera dans l'obscurité
Le jour où s'éteindra la France!"

**) Nach Sedan entbot derselbe, späterhin gegen uns so fluchmüthige Victor Hugo dem edelmüthigen deutschen Volke seinen Brudergruß, wenn es nun, statt seine Heere weiter auf Paris marschiren zu lassen, gefälligst Frieden schlösse. Eine heitere Zumuthung!

Und desgleichen würde auch der „heilige Vater" sicherlich den Krieg mit seinen besten Wünschen und Segensprüchen begleiten, der ihm sein weltlich Erbe zu erstatten verspräche!

Zu Obigem stimmt denn auch recht hübsch, wenn unser den Krieg so entrüstet abschwörende Freiheitssänger mit den Helden der Commune sympathisirt, und in einer grotesken „Ekloge" (S. 65—78) die „Bombensöhne" besingt, daß sie St. Cloud, die Stätte frecher Lust, in Asche legten. Wie trefflich haben sie doch mittelst des Petroleums ohne Geschirr diese Hydra abgekocht! Wie prächtig dreht und windet sich nun in den Aprilstürmen des Unthiers dürres Skelett! Aber Versailles, der Tempel der großen Schatten sollte vor Scham vergehen, daß es die Schmach überlebte, von den Füßen der deutschen Sieger getreten zu werden.*)

Das und viel anderes Schöne hören wir in dem folgenden Haupt= und Parabestücke „La Nuit de Versailles" (S. 81—106). In schreienden Farben malt dies wilde „Poëme populaire" einen schauerlichen Traum, den König Wilhelm, „seul dans le salon des Glaces", daselbst erlebt haben soll. Alle die

---

Trefflich diente da unser Rudolf Gottschall dem alten Knaben auf das im Namen der jungen Republik erlassene Friedensmanifest mit folgenden geharnischten Strophen:

„Wenn auf Raub die Geier flogen, kommt der Taube Flug zu spät.
Frankreich erntet jetzt mit Schaudern, was nur Frankreich ausgesät.
Eines blut'gen Krieges Würfel warft ihr hin im Knabenspiel,
Und ihr weigert jetzt den Einsatz, weil für uns der Würfel fiel!

Täglich hast du andre Launen, Friedensgruß und Kriegeszorn,
Trägst ein Veilchen heut im Wappen, morgen schon den Rittersporn,
Frankreich, wandelbarer Proteus! Wechsle Farben und Gestalt.
Doch wir haben dich und halten dich mit eiserner Gewalt!

Hunderttausend Helden fallen nicht für einen Obolus,
Den der Tod dem bleichen Fährmann für die Fahrt bezahlen muß.
Frankreich kämpfte mit dem Cäsar, Frankreich theile sein Geschick!
Gieb heraus den Raub der Kön'ge, friedensel'ge Republik!"

*) „Saint-Cloud dévalisé croule dans les décombres,
Et tord aux vents d'avril son squelette vaincu!
Mais toi, Versailles, toi! temple des grandes ombres,
Ils t'ont foulé du pied, — et tu t'es survécu!" —

großen Schatten („toutes les gloires de la France!") haben Fleisch und Blut gewonnen und umziehen, Rechenschaft und Rache fordernd, das Lager des greisen Helden. Es ist eine wüste, phantastisch verzerrte, aller Wahrheit und Geschichte ins Gesicht schlagende Schilderung, deren Wiedergabe, auch nur in den allgemeinsten Umrissen, sich für uns von selbst verbietet. Das vor dem einsamen, vom Fieber geschüttelten Schläfer aufgerollte Panorama der französischen Geschichte schließt mit dem drohenden Schreckbilde der Revolution, als deren moderner Repräsentant der Proletarier erscheint.

Um mit einer mehr heiteren Vorstellung von Herrn Emile Bergerat Abschied zu nehmen, sei noch eine kleine Probe aus dem — Abagio seiner großen „Symphonie allemande" (S. 145—193) hier angeschlossen. Dasselbe beklagt die geschwundene Schönheit der Umgegend von Paris, wo jetzt Alles an die verwünschte Anwesenheit der Barbaren erinnert. Man möchte aus der Welt laufen, sieht man, wie öde und traurig nun Alles ist! 's ist aus mit Lachen und Scherzen! Das Bier hat den Wein besiegt, die Zukunft gehört den Brauereien!*)

In solcher pessimistischen Stimmung schildert Bergerat mit dem richtigen Galgenhumor, wie bald alles auf deutschen Fuß eingerichtet werde. In Kunst und Wissenschaft dominiren die Teutonen, der Pantheismus spielt mit großem Orchester. Auf den Bänken der höheren Schulen, wo jeder Eleve sein Glas Bock hat, sieht man statt der Ilias den Klopstock und den zweiten Theil des Faust statt der Odyssee! Die alte Frage, ob Schiller größer oder Goethe, führt unter den Schülern zu heißem Streit. Der Sieger erhält eine Ehrenpfeife. Um die Jugend ganz zu verdummen, erhält sie bei den Tambouren und in der

---

*) „Voici venir les races tristes!
Et la bière a vaincu le vin!
Nous avons trop ri de Chauvin,
Et trop aimé les guitaristes!
C'est fini! nous ne rirons plus!
L'avenir est aux brasseries!"

Schießschule den letzten Schliff, und der Mensch ist fertig als bewaffneter Affe!*)

Man merkt wohl die gemeine Satire auf den vielberufenen, auch von u n s e r n Demokraten so sehr perhorrescirten „preußischen Militarismus!" Wenn nun so selbst das vorgeführte Adagio die grotesten Sprünge liebt, so läßt sich schon leicht ermessen, wie toll es erst in den übrigen Theilen der deutschen Symphonie, zumal der Fuge, dem Scherzo und Finale, hergehen mag! Es ist eben ein ganz excentrisches, wie im Fiebertraum componirtes Opus, das, einen Vergleich aus der Kunstgeschichte zu nehmen, die bizarre Phantasie eines Hektor Berlioz weit hinter sich läßt. Und vergebens lauscht man in dieser wirren Zukunftsmusik einem ans Herz sprechenden, die Dissonanzen harmonisch lösenden Akkorde.

---

*) Eine nähere Ausführung der oben nur flüchtig skizzirten Partie des „Adagio" wolle man uns erlassen: wir berufen uns dafür auf Bergerat's treffendes Wort: „la langue a son parfum!" Hier sind die Strophen, deren Esprit in einer vergrößernden wörtlichen Uebertragung allerdings leicht verduften könnte:

„Sur les bancs de chaque Lycée
— Où tout élève aura son bock! —
L'Iliade sera Klopstock,
Et le second Faust, l'Odyssée!

Et les recteurs, le nez en l'air,
N'auront à réprimer d'émeute
Qu'entre les partisans de Goethe
Et les partisans de Schiller!

Là se bornera toute étude
Et tout doctorat — à savoir:
— Sortir enfin d'incertitude
Sur le rang qu'ils doivent avoir!

Si Schiller doit tenir la palme,
Quand Goethe la mérite autant! —
Une pipe d'honneur attend
Celui qui gardera son calme!

Puis, comme il faut désabrutir
Graduellement la jeunesse,
Les grands à l'école du tir
Iront exercer leur finesse!"

War Bergerat's Force die burleske Satire und die Cari=
catur, so brillirt der Autor der „Poëmes civiques"*), Victor
de Laprade („de l'académie française"), durch sein mit dem
gehörigen Aplomb auftretendes rhetorisches Pathos. So in dem
auch das religiöse Moment hereinziehenden Aufrufe an die Sol=
daten der Bretagne, mit ihrer alten Riesenkraft das von unsau=
beren Wilden überschwemmte Vaterland zu befreien. „Auf,
christliches Volk! Unser Schlachtengott ruft euch zu den Waffen,
er befehligt euch; auch Ludwig der Heilige und Jeanne d'Arc thrä=
nenschweren Blicks beschwören euch!"**) Gegen die Gottesleugner
handle es sich um Frankreichs innerste Seele, heißt es weiter, und
ähnlich in dem mit verschiedenen ruhmredigen Tiraden verbräm=
ten „A la France": „Wende dich an Christus, den du letzter
Zeit zu sehr vernachlässigtest, diesen Gott der Ritter und nicht
der Eroberer. Seit tausend Jahren verwendete er dich zu seinen
Kriegsthaten. Für sein Friedenswerk bedarf er der Franken.
Wenn du eines Tags aufhörtest voran zu marschiren, wenn du
deinem Gotte, der dich liebt, dich entzögest, wenn des Nordens
Finsterniß dein Licht erstickte, würde die Menschheit in die alte
Nacht zurücksinken."***) Dieser ausgesprochen fromme Sinn und
die Ueberzeugung von Frankreichs höherer christlicher Mission
können unsern Dichter freilich nicht abhalten, mit dem Fanatis=
mus eines Convertiten die kommende Rache zu predigen. Ja,
er erkennt eben dies als heilige Pflicht und ein wahres Verdienst!

---

*) Paris, Didier et Cⁱᵉ, 1873. Deuxième Édition. 402 S. 8.
**) „C'est notre Dieu sanglant qui vous appelle aux armes,
   Qui vous commande ici.
   Saint Louis, Jeanne d'Arc, les yeux baignés de larmes,
   Vous adjurent aussi!"
***) „Tourne-toi vers le Christ trop oublié naguère,
   Ce Dieu des chevaliers et non des conquérants,
   Qui t'employa, mille ans, à ses gestes de guerre —
   Pour son oeuvre de paix il a besoin des Francs.

   Si tu cessais un jour de marcher la première,
   Si tu manquais au Dieu qui t'aime et te conduit,
   Si les ombres du Nord étouffaient ta lumière,
   C'est que le genre humain rentrerait dans la nuit."

So mahnt er in dem mit dem Virgilschen „Exoriare aliquis nostris ex ossibus ultor" gezierten und „Octobre 1872" unterzeichneten Rachepoem „A la Terre de France" (S. 391— 402) seine Landsleute: lange genug seien sie die Geprellten jener Nachbarn gewesen, „die wir Brüder nannten, einfältige Bewunderer ihres obscuren Jargons; über unsere stille Grenze hinüber reichten wir ihren Meistersingern eine loyale Hand." Jetzt aber, nachdem man die „Horden Attila's"*) kennen gelernt, habe Frankreich alle humanen und kosmopolitischen Träume zu verbannen und egoistisch abgeschlossen nur seine Kraft zu sammeln und die Rache à toute outrance zu pflegen.

„Bleiben wir allein, und die undankbaren Völker, welche unsere Unglücksschläge entzückten, werden wissen wie's geht, wenn die Seele Frankreichs sich nur einen Augenblick aus der gemeinen Welt zurückzieht. Wir, die Dichter, die Denker, die Priester der Eintracht, bestraft dafür, daß wir die Liebe des Menschengeschlechts predigten, lassen auf der umflorten Leyer die Saite erzittern, welche die Wuth ins Herz pflanzt und den Stahl in die Hand."**) Kommen doch müsse die Zeit der „hei=

---

*) Neben dieser fast stereotypen Lieblingsfigur werden S. 349 („Au roi Guillaume") auch „Ces sauvages hourrahs des Huns et des Teutons" erwähnt. Ohne die geht's einmal nicht.

**) „Dupes de ces voisins que nous appelions frères,
De leur jargon obscur naïfs admirateurs,
Nous tendions, par-dessus nos tranquilles frontières,
Une loyale main à leurs maîtres-chanteurs.

Mais, puisqu'ils sont venus dans la France outragée
Des hordes d'Attila promener la terreur — —

Folgen in gewählter Steigerung vier weitere Begründungssätze mit dem endlichen Schluß:
Pour être forts comme eux redevenons barbares,
Egoïstes, jaloux … abjurons la pitié!

Restons seuls, cultivant la haine à toute outrance!
Et les peuples ingrats qu'ont charmés nos revers
Sauront ce qu'il advient quand l'âme de la France
Se retire un moment du sordide univers.

ligen Schlachten", wo die Muse, die Harfe in der Hand, zum erbarmungslosen Kampfe lade, wo der alte Barbiet erklinge und unter den gallischen mit Germanenbeute geschmückten Eichen den Manen der Gefallenen das hohe Fest der Rache bereitet werde.

Sollte er aber selbst „den Tag der großen Rache" nicht mehr erleben, so will er, gleich dem Heine'schen Grenadier, wie eine Schildwach' im Grabe ruhn und horchen, bis Schlachten= lärm darüber erschallt und das warme Blut, seine Rache voll zu sättigen, zu ihm niederriesele.*)

Man sieht, Laprade ist stark im Haß, nicht minder stark auch in der akademisch pomphaften Phrase. Sollen wir ihn mit Victor Hugo in Vergleich bringen, so klingt dessen natürlich pol= ternde Rede gegen Laprade's raffinirte, in grellen Farben auf= geputzte Rhetorik etwa wie die in geradem, eilendem Eifer schel= tende Predigt des Kapuziners in Wallenstein's Lager gegen die elegante, auf Effekt gearbeitete Controverspredigt eines modernen Jesuiten.

Zu Zeiten freilich liebt unser hoher Akademiker, der seine Verse für unsterblicher hält, als die Thaten König Wilhelm's,**) vom Kothurn auf den Soccus herunterzusteigen und verschmäht, wo's uns Deutsche und insonderheit das arme Gretchen zu schmähen gilt, selbst den niedrigen Ton nicht.

Das deutsche Denkervolk, heißt es in dem Poem „Bons Allemands", denkt im Kriege zunächst' an seine Einkünfte, es hat die Gabe des intelligenten Diebstahls; seine Kriegswuth ist

---

Nous, poëtes, penseurs, prêtres de la concorde,
Punis d'avoir prêché l'amour du genre humain,
Sur nos lyres en deuil faisons vibrer la corde
Qui met la rage au coeur et le fer à la main."

*) „Et la harpe dira l'hymne de délivrance,
De farouches clameurs courront de rang en rang . . .
Et sous la terre humide, à la chaleur du sang
Mes os tressailleront, abreuvés de vengeance!"

**) „Mes vers dureront plus, ô roi, que tes conquêtes!" meint der bescheidene Dichter in der ganz infamen Schmähepistel „Au roi Guillaume de Prusse" (S. 345—352), deren Inhalt sich wei= terer Mittheilung entzieht.

wohl verwaltet, und beim Siege sieht es vor allem auf Geld. Und weiter heißt es da u. A.: „Bürger, Bauern, Studenten, Greise, Landwehr, Landsturm stelltet ihr gegen uns ins Feld, euer ganzes Deutschland, alle euren zu Soldaten gemachten Pedanten."*) Allein das Schönste kömmt noch: Schandthaten ohne Gleichen begingen diese streng moralischen Biedermänner, diese zarten, züchtigen Liedersänger, daß ihre keuschen Dorotheen und Gretchen sammt Thekla und Mignon — wie trefflich doch der gelehrte Herr seine classischen Reminiscenzen zu verwerthen weiß! — darob erröthen müßten. **)

Und noch nicht genug. So leichten Kaufs soll unser liebes Gretchen nicht wegkommen; es muß noch in eigenem Gedicht („A Gretchen" S. 373—379) billigem Spotte geduldig herhalten. Träumend sitzt das holde Kind am Fenster, über den Rhein hinschauend; es denkt des Geliebten, der in Burgund oder der Champagne ein wenig geplündert hat (a fait son petit butin). Der Liebes=, zugleich Bettelbrief ist eben fertig geworden, und nun soll ihr das Blumenorakel sagen, ob der gute Junge auch gute Beute mitbringt; ein wenig, viel, ungeheuer viel! „Fritz hat keine wilden Triebe, Gretchen keine diebischen Finger"; aber zu ihrer kleinen Aussteuer fehlt noch dies und das. So möchte sie für Festtage gern etliche feine Batist=

---

*) „Peuple penseur! il pense à res rentrées,
Il a le don du vol intelligent,
Et ses fureurs sont bien administrées;
Dans la victoire il voit surtout l'argent. —

Vous avez mis contre nous en campagne
Bourgeois, vilains, étudiants, vieillards,
Landwehr, landsturm, toute votre Allemagne,
Tous vos pédants devenus des soudards."

**) „Puis vos Gretchens, vos chastes Dorothées
N'y croiraient pas, connaissant votre ardeur;
Thécla, Mignon en seraient attristées,
Et je me tais . . . respect à la pudeur!
Mais on saura des horreurs sans pareilles:
Chanteurs de lieds, purs et discrets amants,
Vous resterez les héros de Bazeilles . . .
Bons Allemands, bons Allemands!"

taschentücher; Spitzen auf Sammt stehen sehr hübsch . . ., Gretchen ist Künstlerin. „Ja, blondes Gretchen, du sollst mehr haben als Fritz dir zu versprechen wagt, alle die in deinem pathetischen Briefchen aufgezählten Schätze!" —
Wie viel nobler waren doch die Franzosen in Deutschland! Niemals schrieben Pariser Grisetten um Wäsche nach Sachsen oder Thüringen. Ihre Liebhaber begnügten sich damit, auch dortige Schönen galanter Huldigung zu würdigen. (Die delicate nähere Schilderung gebe das Original — la langue a son parfum!) Ihr aber, edle deutsche Damen, behaltet nur für immer unsere verblichenen Bänder und Hüte: unsere Frauen würden sie uns, brächten wir sie zurück, ins Gesicht werfen! Ueberdies löscht ein loyaler Friede alle unsere Rachegefühle . . . Fahrt fort, gute Deutsche, unsere schmutzige Wäsche zu besudeln.*) So geschrieben von dem Herrn Akademicus „Février 1872."

---

*) „La fleur lui dit si son amant,
Dans les châteaux qu'il déménage,
Lui fait bonne part du pillage . . .
Un peu, beaucoup, énormément!

Fritz n'a pas des instincts féroces,
Gretchen n'a pas les doigts fripons;
Mais il faut encor des jupons
A son mince trousseau de noces.

Elle voudrait, pour les grands jours,
Quelques fins mouchoirs de batiste;
Les dentelles sur le velours
Font très-bien . . . Gretchen est artiste.

Oui, blonde Gretchen, vous aurez
Plus que Fritz n'ose vous promettre,
Tous les trésors énumérés
Dans le pathos de votre lettre. — —

Jamais grisettes de Paris
N'ont écrit en Saxe, en Thuringe,
Pour prier amants ou maris
De vous dérober votre linge.

Nach den mit charakteristischen Proben vorgeführten Hauptmeistern der Revanchedichtung mögen im Folgenden noch einige — alle der eigentlichen Kriegszeit entnommene — kleinere specimina etlicher Dii minorum gentium rasch angereiht werden.

Als heiteres Intermezzo diene zunächst die „Odelette guerrière" von Catulle Mendès, eine ganz hübsche anakreontische Spielerei. Ein Pariser Grisettchen, stolz auf ihren Galan, begleitet denselben in ihren Gedanken auf seiner Heldenlaufbahn. Wie reizend wär' es, meint sie, brächte er mir so einen mächtigen preußischen Helm mit: der erhält seinen Ehrenplatz auf der Etagère meines traulichen Boudoirs! Um den bösen, an meinem Herzen zehrenden Krieg zu demüthigen, ver-

> Car nous avons aussi. — pardon
> Au graff, au margraff, vos ancêtres, —
> Dormi chez vous sous l'édredon
> Et parlé, quelquefois, en maîtres.
>
> Nous avons doucement passé
> Dans vos manoirs quelques années,
> Et, dit-on, nous avons laissé
> Vos jupes un peu chiffonnées.
>
> Du moins nous ne les volions pas,
> Et vous n'avez pas porté plainte.
> Vous avez reçu sans contrainte
> Les honneurs dus à vos appas.
>
> Ceci, généreuse Allemande,
> Soit dit sans vous donner du noir:
> Ce n'est pas qu'on vous redemande
> Fichu, camisole, peignoir!
>
> Gardez à jamais, nobles dames,
> Nos rubans, nos chapeaux fanés;
> Si nous les rapportions, nos femmes
> Nous les jetteraient par le nez.
>
> Et, d'ailleurs, une paix loyale
> Eteint tous nos ressentiments . . .
> Continuez, bons Allemands,
> A salir notre linge sale."

gen wir in dem unlängst so schrecklichen, jetzt aber zagen und zahmen Helm die Amulette unserer Liebe, Billetchen, Haare und das Veilchenbouquet, das ihm einst meine Liebe gestand. *)

Ein frisches, halb idyllisches Genrebild ist dann desselben Dichters: „La Colère d'un Franc-Tireur", wie das vorige Stückchen eine jener dramatischen Soloscenen, in deren Darstellung die Franzosen Meister sind. Ein stark blessirter Franctireur, ganz der alte miles gloriosus, schildert seine Heldenthaten. Nun zu leidiger Muße verurtheilt, kann er die Stunde nicht erwarten, wo's für ihn wieder losgeht. Sonst möchten ihm am Ende keine Preußen mehr übrig bleiben!**)

Auch André Theuriet's: „Les Paysans de l'Argonne" hat einen uns sympathisch berührenden poetischen Anhauch. Die lebendige Vorführung früheren sieggekrönten Heldenmuths — es handelt sich um die gelungene Zurückschlagung der Preußen in der Campagne von 1792 — soll den Feuerfunken gleicher Kampfeslust und Siegeshoffnung in die Seelen werfen. Wie damals, so heute! — Dabei fehlt es indeß fast selbstverständlich nicht an Seitenhieben gegen die damaligen Preußen, die armen Schlucker, welche die durstige Kehle an prächtigem Rothwein erlaben wollen und ihr träges Blut an Frankreichs warmer Sonne ein wenig aufmuntern! Und ebenso wenig mangelt es an der pathetischen Phrase: „Wir sind das

---

*)   „Et, pour humilier la guerre
    Dont j'eus le coeur si tourmenté,
    Dans ce casque effrayant naguère,
    Maintenant contrit et dompté,

    Nous cacherons les amulettes
    De notre amour, billets, cheveux,
    Et le bouquet de violettes
    Qui t'a fait mes premiers aveux!"

**)   „— Hier, j'ai revu la lumière,
    Stupidement couché dans ce lit d'hôpital,
    Ah! major, coupe, taille, ampute, sois brutal,
    Mais sois prompt! le canon résonne! et la Victoire,
    Qui redevient française et nous rend notre gloire,
    De Prussiens culbutés va faire un tel abus
    Que, si je tarde encore, il n'en restera plus!"

Licht, sie die Finsterniß!" Also voran, auf sie! Hetzen wir sie zu Tode, diese Mordwölfe.*)

Vorwiegend in declamatorischem Ton gehalten ist **Albert Delpit**'s Lieder=Cyclus „L'Invasion". Wir wählen das Sedan=Gedicht „La honte", wo zu Anfang und Schluß die stille Friedlichkeit der herbstlichen Natur mit dem tosenden Schlachtenlärm in Gegensatz gebracht wird. Der eigentliche Kern aber ist die beredte Schilderung der feigen Infamie des Empereur, der, weit vom Schuß, allen Mahnungen und Vorhaltungen nur das eine kalte Wort: „Rendez-vous!" entgegenstellt. Aerger aber empfindet der leidenschaftliche Dichter die unerhörte Demüthigung „devant ces Huns et Vandales", und die nie erlebte Schmach, daß Frankreichs ruhmreiche Legionen, eine nach der andern, das Gewehr strecken mußten „aux pieds d'un caporal prussien couronné!"

Dagegen begrüßt auch Delpit, gleich Banville, jenen ersten Sieg bei **Orleans** mit hellem Jubel: „Wohlan, diesmal doch ist unsere Stunde gekommen! Endlich ist die alte französische Seele wiedergefunden! Orleans ward wiedergewonnen! Das ist die erste Etappe! Vorwärts! Noch wenige Tage, und sie

---

*) „Ils viendront se gorger de notre vin vermeil
 Et dégourdir leur sang à notre chaud soleil . . .
 Nous sommes la lumière; eux, il sont les ténèbres!
 Donc, en marche, et traquons à mort ces loups funèbres."

Bezeichnend ist auch der Anfang, wo es heißt, daß, wie die preußischen Bataillone aufzogen, die Raben, durch die deutschen Stimmen getäuscht, sich en famille glaubten und ihre Banden grüßten. Alle sahen sich schon als Sieger, und ihre Generäle, vom guten Landwein berauscht, zerschnitten Frankreich, wie man einen Hirsch zerlegt. Doch damals kam es anders!

„Verdun s'était rendu. Serrés en noires lignes,
Les bataillons prussiens escaladaient nos vignes.
Vers l'Argonne, aux grands bois noyés dans les brouillards,
Ils s'avançaient nombreux, insolents et pillards.
Et les corbeaux, trompés par ces voix allemandes,
Se croyaient en famille et saluaient leurs bandes.
Tous se voyaient déjà triomphants; et, le soir,
Leurs généraux, grisés par les vins du terroir,
Taillaient la France entre eux comme un cerf qu'on démembre."

haben auch Paris verloren."*) So heißt's mit weiteren Variationen und Reprisen in dem „Orléans. La première victoire" überschriebenen Gedichte. Neben dem sei noch „Le départ du Breton" erwähnt; bezeichnend ist da der prononcirt religiöse Schluß: eine weichgestimmte, an die Schweizer bei Murten erinnernde Scene. Vor Beginn des Kampfes knien sie alle zum Gebet nieder, die braven Bretagner, und ihr mit ihnen gezogener Pfarrer segnet sie „im Namen Gottes, Christi und Mariä". So folgen sie kühn zwei Führern ins Feuer: der Fahne für ihr Frankreich und dem Kreuze für ihren Gott!**)

Im Allgemeinen zeigt Delpit eine sonst seltene Mäßigung und Ruhe; und er bekundet eben darin richtiges Gefühl und künstlerischen Takt, daß er, wiewohl fast mehr Rhetor als Poet, die direkte Aussprache seiner Rachegefühle aus dem Text seiner Gedichte in das einleitende Vorwort verwiesen hat.***)

Als leichtere poetische Illustrationen des bekannten, damals tausendfach wiederhallenden Geschreis: „Nous sommes trahis!" seien auch kurz erwähnt: „Les larmes d'un soldat trahi" (von Raoul Marius) mit dem pathetischen Eingang: „Birg

---

*) „Eh bien! cette fois-ci notre heure est arrivée!
La vieille âme française est enfin retrouvée!
Orléans est repris! C'est la première étape,
Marche! Encore quelques jours, et Paris leur échappe!"

**) „Quand le combat commence, à genoux sur la terre,
Chacun de ces héros murmure sa prière,
Et le pauvre curé d'un village inconnu
Qui du fond de sa lande avec eux est venu,
Bénit au nom de Dieu, du Christ et de Marie,
Ces paysans tombés pour sauver la patrie,
Avec ces deux guidons qui les mènent au feu,
Le drapeau pour leur France, et la croix pour leur Dieu!"

***) Da heißt es, um nur einen Passus herauszuheben, u. A.: „Tant que j'aurai un souffle de vie dans la poitrine, je prêcherai la vengeance .... Et tous les artistes feront de même. Le peintre montrera leurs cruautés, le sculpteur leurs victimes, le musicien mettra, s'il le faut, de la haine en musique, mais la France fera tant qu'un jour elle pourra prendre la grande revanche à venir!"

dein Haupt unter den Flügel, mein ehmals siegreicher Adler, u. s. w.!"*) und Chatelin's „Regiment der Feiglinge" (Le régiment des lâches), worein nächst dem falschen Empereur und vor Anderen Bazaine, „der Verkäufer von Metz", gehört. Dies herrliche Regiment will unser Poet der über Frankreichs Unglücksschläge bestürzten Welt in Parade vorführen.**) Das Alles ist wohl, als Ausdruck der herrschenden Volksstimmung, sehr natürlich und unverfänglich: wie die Zeit, so das Lied.

Auch „Le Sacre de Paris" von Leconte de Lisle, eine Theater=Declamation, können wir uns noch leidlich gefallen lassen. Ueber die Schilderung der Deutschen als der rothhaarigen, auf Frankreichs heiligen Boden geifernden Vandalenhorde, die unter dem Riemen und Stock aus breitem Maule heult,***) lachen wir ja nur — wir Barbaren! Und auch den im Style

---

*) „Cache la tête sous ton aile,
 Mon aigle, autrefois victorieux,
 Ta gloire n'est plus immortelle,
 Cesse de planer dans les cieux!"

**) „Faux conquérant du valeureux Mexique,
Noble pays qui sait frapper les rois,
Bazaine, ô toi, fidèle domestique,
Vendeur de Metz, escompteur de nos lois,
Fleury, Leboeuf, Frossard, allons mes braves,
Au régiment prenez les premiers rangs,
Vous êtes nés, félons, pour être esclaves!
Allez servir vos maitres, les tyrans!
 O ma France, quand tu te fâches,
 Il faut qu'aux peuples éperdus
 Nous montrions le régiment de lâches,
 Formé de grands, puissants, de vendus."

***) „Vois! la horde au poil fauve assiége tes murailles!
Vil troupeau de sang altéré,
De la sainte patrie ils mangent les entrailles,
Ils bavent sur ton sol sacré!

Tous les loups d'outre-Rhin ont mêlé leurs espèces,
Vandale, Germain et Teuton;
Ils sont tous là, hurlant de leurs gueules épaisses,
Sous la lanière et le bâton."

Victor Hugo's gehaltenen Panegyrikus auf das dem Weltall
vorleuchtende Paris, das Hirn der Welt, der Menschheit Stolz,
der Nationen Stern, die unsterbliche Heimstätte der Geister*)
— diesen ganzen prätentiösen Phrasenschwall kennen wir schon.
Ist ja auch diese naive Selbstüberhebung ein alter Erbfehler
der Franzosen! Schon vor fast zwei Jahrtausenden rügte der
scharfblickende Cäsar neben der leidenschaftlichen Unbesonnenheit
der Gallier — „iracundia et temeritas, quae maxime illi
hominum generi est innata" VII. 42 — ihre leere Prahlerei
(ostentatio).

Ebenso wenig haben wir etwas dagegen einzuwenden, wenn
Armand Renaud, der Autor der unter dem Titel „Au
bruit du canon" gesammelten Gedichte, dem den Sturz von
Paris verkündenden Dichter des „blonden träumerischen Deutsch=
land" stolz entgegnet, daß es kein Europa ohne Paris geben,
hingegen nach bestimmten Jahren man vergebens den Platz
suchen werde, wo Berlin gestanden habe. Von republikanischem
Geiste erfüllt, bejubelt dagegen, wie vorhin Bergerat, auch
Renaud den Brand von St. Cloud, das „nach dem stolzen
Tiger den infamen Affen sah, den Spottkaiser! Er ging bis
zum Aeußersten, bis zur Invasion! Der Andere, nach allem
noch groß, kämpfte Fuß um Fuß, über Berg und Thal, den
Kanonenkugeln entgegen. Dann kam St. Helena! Dieser aber,
so fern dem „génie écrasant du Corse", ergab sich elend, feig,
eine Schande selbst dem deutschen Sieger."**)

---

*) „Ville auguste, cerveau du monde, orgueil de l'homme,
Ruche immortelle des esprits,
Phare allumé dans l'ombre où sont Athène et Rome,
Astre des nations, Paris!"

**) „Après le tigre fier, tu vis le singe infâme,
L'empereur parodie! Il alla jusqu'au bout,
Jusqu'à l'invasion! L'autre, grand après tout,
Combattait pied à pied, par le mont et la plaine,
Le front dans les boulets ... Puis c'était Sainte-Hélène!
Celui-ci s'est rendu lâchement, vilement,
En faisant honte même au vainqueur allemand."

Ganz schlagend, mit glücklichster Divination, hat Wilh. König
(a. a. O. S. 230 f.) dies allgemeine Gefühl der Franzosen getroffen,

Einen schärferen, ja gemeinen Ton schlägt dagegen wieder
Felix Frank's „La Horde allemande" an. Für den In=
halt sagt schon der Titel genug. Daher genüge hier die eine
Strophe, worin F. Frank — seinem Namen nach wohl ein
deutscher Renegat — unsern Charakter als eine Mischung von
Sentimentalität und brutaler Grausamkeit bezeichnet. „Gewiß
sähe man sie," sagt er von den Deutschen, „sollten sie den Sieg
behaupten, die Füße im Blut, schmachtenden Auges das blaue
Vergißmeinnicht betrachten!"*)

wenn er die bei Renaud mit ein paar groben Strichen gezogene
Parallele zwischen Onkel und Neffen mit feiner Reflexion genauer
ausführt: „War der große Bonaparte gefallen, waren ihm Ver=
wünschungen genug nachgerufen worden, — dem Auge des Volkes
erschien er doch wie ein Titan, ein gewaltiges Marmorbild, das auch
auf dem Sockel Sanct Helena von seiner Erhabenheit nichts ein=
büßte. Im Gegentheil, es war etwas, was dem effektliebenden
französischen Sinne entgegen kam; ein schmeichelndes Zugeständniß
französischer Furchtbarkeit lag in der Verbannung jenes Mannes auf
die kleine Insel im unermeßlichen Ocean, Hunderte von Meilen vom
europäischen Continent. Er hatte den französischen Namen furchtbar
gemacht in allen Ländern Europas, und als er vom Schauplatz
abtrat, geschah es wenigstens mit dem Knalleffekt der hundert Tage
und dem romantischen Exil auf Sanct Helena. Darum web voll
Erkenntlichkeit, als die unsinnigen Menschenhekatomben einigermaßen
verschmerzt waren, die Legende um die eigentlichen harten Züge des
gewaltigen Mannes geschäftig ihre mildernden Schleier. — Aber dies=
mal, bei Sedan, kein Kaiser, der inmitten der letzten Quarrés die
Sonne von Austerlitz blutig sinken sieht, keine Cambronne'schen Gar=
den, die, um den letzten Adler gedrängt, der drohenden Vernichtung
ein historisches Wort entgegenschleudern — hier sitzt der Kaiser, der
seine Soldaten zu entmuthigen fürchtet, fern von der Schlacht allein!
Die Garde und ein ganzes Heer ergibt sich, höchst unromantisch ein=
gefangen von der kühlen Besonnenheit und dem strategischen Genie,
freilich nach tapferstem Kampfe — kein Sanct Helena, sondern Kassel
und Chislehurst! Hätte Napoleon auf dem Schlachtfelde die gesuchte
Kugel gefunden, man hätte ihm Manches verziehen — dieses Ende
mit seiner trostlosen Nüchternheit konnte ihm Frankreich nicht ver=
geben."

*) „Sans doute on les verrait, s'ils gardaient la victoire,
   Contempler d'un oeil languissant
   Le bleu vergiss-mein-nicht, en savourant leur gloire,
   Les pieds dans un ruisseau de sang!"

In weit würdigerem Tone mahnt François Coppée im „Plus de Sang" (April 1871), dem gräuelvollen Aufstande der Commune ein baldiges Ende zu machen und alle Kraft der Nation für den kommenden Rachekrieg zu reserviren. „Frieden! Schließt Frieden! Und dann Gnade, Verzeihung! Vergessen wir für immer diesen Augenblick des Wahnsinns! Rasch an unsere Hämmer! Arbeiten, ja arbeiten wir und sagen: „Es war ein böser Traum!" Später aber, wenn meine Stirn sich rasch erhoben und in neuer Hoffnung strahlt, dann, o junge Söhne des tapferen Galliens, werfen wir nochmals das Gewehr auf die Schulter und marschiren, ein Schwarzbrod im Tornister, unsere Schande abzuwaschen zum Rhein. Wir marschiren, rasend wie die steigende Fluth und zahlreich wie die Aehren der wogenden Saat."*)

Gleicher Richtung zeigt sich die Sammlung theils wüst renommirender, theils schmähender Gedichte: „Pendant l'Orage" von J. Poisle Desgranges. Indem wir von diesen „Poëmes nationaux et historiques" besonders das prätentiös phrasenreiche „A Berlin!" heute gewiß sehr erheiternd finden **)

---

*) „La paix! faites la paix! Et puis, pardon, clémence;
Oublions à jamais cet instant de démence.
Vite à nos marteaux. Travaillons.
Travaillons en disant: C'était un mauvais rêve.
Et plus tard, quand mon front qui vite se relève,
Lancera de nouveaux rayons,

Alors ô jeunes fils de la vaillante Gaule,
Nous jetterons encor le fusil sur l'épaule
Et, le sac chargé d'un pain bis,
Nous irons vers le Rhin pour laver notre honte,
Nous irons, furieux comme le flot qui monte
Et nombreux comme les épis."

**) Hier die Schlußstrophe:
„Le sang versé sur le chemin
Nous guidera jusqu'à Berlin.
Nous y serons avant l'automne;
Car le Français ne tremble pas!
Entendez-vous? ... le canon tonne!
Le Français est fils de Bellone;
Voyez-le courir à grands pas,
C'est lui le géant des combats!

und — neben dem duftigen, den Preußen dedicirten Attila=
Verse: „Ces tigres réchauffés au fumier d'Attila" — auf die
emphatischen Invectiven der Epîtres au Roi de Prusse und à
Bismarck nur nebenbei hinweisen, ist „Le Premier Mars,
hommage à la Garde nationale de Paris" insofern von eini=
gem Interesse, als dies Poem in abgefeimtester Weise die von
den deutschen Truppen bei der Occupation von Paris bewiesene
großmüthige Schonung als erbärmliche Feigheit und Schwäche
auslegt. Das war allerdings zu erwarten!

„Beim Einzuge ihrer Cohorten hatte Paris (wie schrecklich!)
um den Preußen seinen Ekel zu beweisen, Thüren und Fenster
fest geschlossen; auf seinen Denkmälern wehte die schwarze
Fahne. Schreckensbleichen Antlitzes durchstöbern grüne Husaren,
ehe sie auf dem Eintrachtsplatze Halt zu machen wagen, Hecken
und Büsche."*) Und so geht die reizende Schilderung weiter
bis zur letzten Apostrophe an die mit ihrem glorreichen Einzug
so fein barbierten Barbaren: „Zieht ab, den Tornister auf dem
Rücken und mit voller Patrontasche! Steckt eure Pfeife an
und marschirt der Ebene zu! Ihr habt Lorbeern, eure Schinken
damit auszuputzen! Auf Wiedersehn, theure Preußen! Später
sehn wir uns!"**)

    Non! non! jamais! jamais la France
    N'aura d'autre nom que le sien!
    Plutôt la mort que la souffrance
    Du joug prussien!
    A Berlin! Vive la France!"

*) „L'armistice donnait entrée à leurs cohortes;
 Mais Paris avait clos ses fenêtres, ses portes,
 Pour prouver aux Prussiens le dégoût de les voir!
 Et sur nos monuments flottait le drapeau noir.

 Des hussards verts la peur guidait partout la horde:
 Avant de s'arrêter place de la Concorde,
 Ils fouillaient les taillis, ils sondaient les buissons,
 Et leur teint pâle était plus blanc que les maisons."

**) „Partez! le sac au dos et la giberne pleine . . .
 Allumez votre pipe, et marchez vers la plaine.
 Vous avez des lauriers pour orner vos jambons;
 Au revoir! chers Prussiens! Plus tard nous nous verrons!"

Würdig den Reigen zu beschließen ist endlich Joséphin Soulary's saubere Collection: „Pendant l'Invasion". Die dort producirten Poëmes gehören zu den schlimmsten ihrer Art, so gleich zu Anfang „Le Cantique du roi Guillaume", voll der niedrigsten und perfidesten Schmähungen. Aus dem übrigen Wust mag wenigstens eine Strophe mittheilbar und erwähnenswerth sein: Meister Richard Wagner — bekanntlich, vom ausgepfiffenen Tannhäuser bis zum niedergeheulten Siegfried-Trauermarsch, ein erklärter Liebling der guten Pariser — soll für den allgemeinen Sturm erst noch die Musik componiren. Das wird helfen!*)

Der sinnige Vergleich mit Attila — den dürfen wir doch nicht vergessen — ist auch wieder da: „Attila le Funeste" — „Fléau de Dieu, sombre Attila!" Und selbst das gute Gretchen muß noch erscheinen, freilich in einer seltsamen Transfiguration!**)

Man sieht, Attila und Gretchen und dazu die Pendulendiebe, das sind die stehenden, geradezu typisch gewordenen Figuren, die immer wiederkehren. Sie sind offenbar bereits populär und haben neben den gefürchteten Ulanen alle Aussicht, in weiteren Wandlungen bis zum Ammenmärchen sich fortzuspinnen.

---

*) „Et voici: j'ai cerné la Babel des barbares;
De sa chute j'attends l'écho,
Dès que Wagner aura composé les fanfares
Qui firent tomber Jéricho."

**) Für eine nähere Verdeutlichung dieser ebenso frechen wie boshaften Faust-Parodie en miniature möchten wir doch „unser geliebtes Deutsch" zu gut halten. Man höre nur:

„Comme il s'est incarné, le drame
Du vieux Goethe, élève d'Hermès!
Faust est ce roi qui vend son âme
A Bismarck-Méphistophélès;
Et Gretchen, c'est la Germanie
Livrant à ce fatal génie
Son fol amour ensorcelé.
Ah! Gretchen! quel affreux mystère!
Il vient d'assassiner ton frère,
Et l'or qu'il t'apporte est volé!"

Und wie sie im Volke Gestalt und Leben gewonnen, so boten sie wiederum, nach der innigen Wechselbeziehung beider Factoren, auch den Dichtern die dankbarsten und anregendsten Motive.

Im Uebrigen zeigt sich die Erfindung der meisten dieser Herrn ziemlich arm und bewegt sich mit wenig Witz und viel Behagen in einem sehr beschränkten Ideenkreise. Der poetische Werth ihrer Produkte — wovon wir zudem nur eine Auslese des relativ Besten gaben — ist vielfach recht gering. Schon ein Vergleich mit Victor Hugo, der bei all seinen Schwächen und Mängeln sie jedenfalls an Energie des Gefühls und wahrer Leidenschaft bei weitem überragt, bekundet es hinlänglich.

V. Hugo, dem Einzelne auch ihre Motto's entnahmen, ist ihr Vorbild, der unübertroffene Altmeister: „dux regit examen!" Mit seiner fest begründeten Autorität gibt er dem jüngeren Nachwuchs den leitenden Ton an, und wie die Alten sungen, so zwitschern auch die Jungen! Speciell gegen dessen Année Terrible gehalten, diesen eigentlichen Archetypus der ganzen Revanchedichtung, lassen gar manche dieser „Poëmes nationaux" oft nur geringen inneren Bezug der poetischen Form zum Inhalte erkennen. Sie widerstreben eigentlich in ihrer furchtbaren Realität, ihrem crassen Naturalismus einer künstlerischen Behandlung, und auf die meisten derselben paßt ganz das Juvenal'sche Wort: „Quem natura negat, facit indignatio versum".

Daher liegt die fanatische Wuth dieser Kleinmeister der Revanchedichtung von einem furor poeticus im Sinne der Alten so weit ab, daß es nur unser tiefes Bedauern erregt, wenn dieser unholde Wahnsinn auf mißstimmter Laute wild hin und her wühlt. Ja, eher gemahnt es uns noch fast an jenen Chor der Erinnyen, der, „schauerlich gedreht im Kreise, in entfleischten Händen der Fackel düsterrothe Gluth schwingt"!

Von nicht zu unterschätzender Bedeutung aber sind uns diese in allen wesentlichen Zügen übereinstimmenden poetischen Zeugnisse als treuer Ausdruck der gewiß die weitesten Kreise des französischen Volkes beherrschenden Stimmungen und Gefühle. Eben diese haben ja die Dichter — wie ihr Sang stets und überall ein charakteristisches Zeichen der Zeit und des Volkes ist, seiner Sitte und Art — zu pointirter Ausprägung, zu kurzem, schlagfertigem Ausdruck gebracht.

Statt nun unsere ohnehin schon ziemlich lang gewordene Liste der mit ausgewählten Proben vorgeführten Dichter noch weiter und über Gebühr auszudehnen — es wären noch wohl verschiedene andere gleichartige Belege, wie von Fournier, Pailleron, H. de Bornier, Dulaurens, Fréd. Taine, H. Nazet u. A. beizubringen — verlohnt es sich wohl eher der Mühe, ein interessantes Gegenstück zur V. Hugo'schen Année Terrible zu betrachten: Paul Jane's wie im Titel ähnliche, so in der Tendenz grundverschiedene Dichtung „L'Année Sanglante".*) Wechselnd mit lebendiger Schilderung und ernster Betrachtung, charakterisirt sich das in 13 Gesängen den großen Verlauf des „blutigen Jahres" umfassende Gedicht als eine beredte und nachdrückliche Apologie unseres Volkes und seiner gerechten Sache, als eine begeisterte Huldigung an die deutsche Nation, welche in heroischen Kämpfen „die Civilisation triumphiren ließ und für die moderne Welt eine neue große historische Phase eröffnete."**)

---

*) London, Trübner 1872. Autorisirte Uebersetzung von Gustav Dannehl. Breslau, Max u. Comp. 1874. — Der hinter dem Pseudonym Paul Jane (vgl. Jean Paul!) verborgene Verfasser ist der als Kunstschriftsteller wohlrenommirte, unlängst verstorbene belgische Ministerial-Director Adolphe van Soust de Borckenfeldt. Der alten germanischen Verwandtschaft treu eingedenk, war derselbe einer der Hauptführer der seit dem Jahre 1870 hoffnungsvolleren vlämischen Bewegung.

**) „Vor Frankreich sollte eine Welt sich neigen,
Wie einst vor Rom, als sein Gestirn schon sank
Und Völker blindlings folgten seinem Reigen.

Indeß das Laster thront' in Glanz und Rang:
„Barbaren" machten dieser Zeit ein Ende
Und retteten die Welt vom Untergang.

Es fiel der Feind, drum ruhn des Siegers Hände.
Nun, da der Arm gesiegt, Raum für den Geist —
Daß er den Segen zum Triumphe spende!"

(7. Gesang.)

Für die folgende Probe — Schluß der Schlacht von Sedan — sei vorab bemerkt, daß der so entschieden deutschfreundliche Geist der ganzen Dichtung die Beigabe des Originals eben nicht zu benöthigen schien. Auch mag deren Inhalt (wie die vorhin in gleicher Absicht gewählten Kinderscenen der Année Terrible) dazu dienen, dem Gemüthe gegen all' die forcirte Poesie des Hasses und Fluches eine erfrischende und erhebende Abwechslung zu bieten.

Mit lebendigen Farben entwirft uns der Dichter ein Bild des Kampfes um und in Sedan. Die Feinde weichen, doch noch tobt die Schlacht: reiterlos schweifen dort

„Die Rosse, blutend, weit die Nüstern aufgebläht.
Und in dem Lärm, den das Geschütz nur übertönt,
Verhallt umsonst der Führer Ruf, des Schlachthorns Klang.
Da endlich schimmert durch des Pulverdampfes Schwall
Die weiße Fahne, aufgehißt hoch auf dem Wall,
Und auf der Sturmfluth tausendstimmigen Gesangs
Erbebt der Ruf: Gefangen ist Napoleon! . . .
Geschlagen ward einst Varus mit des Cäsar Heer —
Doch unterm Stoß der Framea sank der Krieger Roms,
Indeß Napoleon in den Wagen laß gelehnt,
Davongeführt wird lebend als Gefangener!"

Auch das stolze Heer, jetzt die richtige „Rhein=Armee", zieht

„Mit Turkos und Spahis, Kabylen und Zuaven,
Soldat wie Officier, gleich einer Heerde Sclaven",

gefangen an und über den Rhein, in dessen reiner Fluth der feige Cäsar seine Schmach und Schande abzuwaschen gedacht hatte. Wie anders aber sieht es im Lager der Deutschen aus:

„Dort tönen wieder laut die schmetternden Fanfaren,
Dazwischen wirbelt Trommelklang,
Der König sprengt vorbei den Zelten seiner Schaaren,
Das Lager grüßt mit Zuruf und Gesang."

Alles Freude und heller Jubel, man glaubte den Krieg beendigt, hoffte Frieden und baldige Heimkehr. Nicht so Frankreichs neue Republik. Von den phantastischen Plänen ihrer Führer bethört, meinte die eitle Nation, „dem deutschen Volk das Blut, dem Kaiserreich die Schande" gnädigst zuweisen zu können, sich selbst aber den alten Ruhm zu wahren und dem Lande ewige Untheilbarkeit:

„Nur nichts von Frieden! Auf zum Todeskampf, dem heißen,
Von unsern Vesten gibt Paris nicht einen Stein,
Nicht einen Fußbreit Land soll uns der Feind entreißen,
Wir machen Frieden nur jenseits des alten Rhein!"

Dem weiteren Inhalte der „Année Sanglante" entnehmen wir noch ein dichterisch concipirtes, lebhaft ausgemaltes tragisches Bild — den Brand von Paris:

„Aus den Häusern, den Palästen, aus den Tempeln Flammen
schlagen,
Und gleich Salamandern kriechen Weiber, die das Feuer tragen

Durch die lodernden Gebäude, und mit heimlich leichten Füßen
Eilen sie von Schwell' zu Schwelle, flüssig Feuer auszugießen.

Weh! es ist, als ob ein ganzes Volk mit Höllengeißelhieben
Werde auf dem Feuerstrome nach dem Abgrund hingetrieben.

Stund' um Stunde wächst und steigt die ungemeff'ne Fluth des
Bösen,
Und es scheint die sieben Siegel seines Zornes Gott zu lösen."*)

Umsonst der Verzweiflungskampf des Pariser Volkes gegen das Heer der Versailler, und auch der in letzter Stunde versuchte Durchbruch will nicht gelingen, denn:

„Von der Höhe der Bastionen schauend auf das Werk der Rache
Halten, das Gewehr im Arme, die Germanen strenge Wache.

Halten Wach' als Zeugen, ohne Mitleid mit der Noth der
Streiter,
Der unlautern Fluth gebietend: „Halt! bis hierher und nicht
weiter!"

Ja, bis hierher und nicht weiter! Die Germanenwache, die fest am Rheine stand wie vor Paris, bedeutet — während ein

---

*) Man vergleiche mit dieser durch epische Würde und sittlichen Ernst ergreifenden Schilderung die leidenschaftlich ungestüme, dramatisch aufgeregte Art V. Hugo's im „Paris incendié". Sein flott hingeworfenes Bild erscheint, wiewohl mehr in den grellen Farben des Panoramas gehalten, ungleich glänzender und effektvoller. Hugo bleibt einmal der keck virtuose Maler des Schrecklichen; da ist er einzig, da steht er „hors de concours" — man möchte ihn fast „Hugo der Schreckliche" nennen.

Victor Hugo deren Gegenwart nur als bemüthigenden Hohn empfindet — dem ernsten, weitblickenden Dichter eine höhere Macht, welche die Liquidirung einer hochaufgelaufenen alten Schuld, die Exekution des strengen Urtheils der Geschichte zu vollziehen berufen ward — denn „Frankreich war seines eigenen Unglücks Schmied gewesen".

Zum Schluß spricht der Dichter, mit sinnigem Hinweis auf das ewige Schaffen der immer neu erblühenden Natur, die trostreiche Hoffnung auf Frieden, Versöhnung, humanen Fortschritt aus. Freilich, sagt er wehmüthig, ist der Mensch nicht mehr still hoffnungsreich, wie vordem; er hat den Krieg gesehen, die Thränen, das Blut.

„Ein Kaiserthum versank, ein Kaiserthum erstand,
Ein großes Volk erschien, das Scepter in der Hand,
Ein groß Geschick begonnen, ein groß Geschick vollbracht —
Jedoch die Menschheit strebt zum Lichte durch die Nacht."

Im Lärm verborgen geht der Fortschritt seinen Weg, durchbohrt die Alpen, verbindet die Völker, und sie mögen dennoch rufen: „Heil der neuen Zeit! Schöne Menschlichkeit, dein Reich wird kommen!"

So der groß und mild denkende, dem deutschen Geiste innigst verwandte Dichter, dessen edle Auffassung leider nur eine optimistische und ideale, eine mehr philosophisch als politisch begründete genannt werden muß. Und richtiger sagt ein, sonst ähnlich gesinnter, kenntnißreicher Beurtheiler französischer Zustände *): „Die Todten ruhen, der Frühling bringt neue Saaten, die Arbeit gibt neues Gedeihen. Aber wer bestellt und befruchtet so bald wieder die verwüsteten Felder der geistig-sittlichen Arbeit! Wer bannt die Dämonen der rasenden Leidenschaft, des Hasses, der Rache, des culturfeindlichen Fanatismus, die dieser Völkerkampf entfesselt hat!"

Wohl sind neuerdings auch in Frankreich vorurtheilsfreie Stimmen laut geworden, die zur Ruhe, Mäßigung, Selbsterkenntniß mahnen. Wir nennen außer dem schon erwähnten

---

*) Friedrich Kreyßig: „Ueber die französische Geistesbewegung im 19. Jahrhundert." Berlin. Fr. Nicolai, 1873.

Monod nur Eman. Arago, Stoffel, Littré und besonders den edlen Grafen Gasparin, dessen gehaltvolles Buch: „La France. Nos fautes, nos périls, notre avenir." (Paris 1872) — ein weißer Rabe unter vielen schwarzen! — den Franzosen einmal gründlich die Wahrheit gesagt, die sie sonst zu hören nicht gewohnt sind.

Allein was helfen, was bedeuten solche immer nur vereinzelte Stimmen, welche Frankreichs wahres „relèvement" weniger durch militärische Reorganisation und Rüstung,*) als durch aufrichtige innere Reform (gleich der durch Stein und Scharnhorst nach 1806 für Preußen geschaffenen) bedingt erklären. Wie Graf Gasparin seinen Landsleuten einfach als Narr („un être absurde") oder von Bismarck gekaufter Verräther galt — müssen sie in dem Lärm des Tages, der Leidenschaften kaum gehört und unverstanden verhallen, und gegen sie schreit die Rache im wilden Chore des „Chant de la Revanche":

„Wir nehmen's wieder, Elsaß und Lothringen,
Das Deutschland drückt mit schweren Sclavenketten;
Voll Haß und Rache wird es uns gelingen,
Die Schwestern von den Henkern zu erretten.
In Erwartung der nahen Rache
Stählen den Arm wir, stärken das Herz,
Freudig geweiht der heiligen Sache,
Retten wir Frankreich, rächen den Schmerz."**)

---

*) Nach allen Berichten ist dieselbe — im geraden Gegensatz zu dem früheren Leichtsinne — ebenso sorgfältig in allem Detail durchgebildet, wie umfassend: statt der früheren 8 wird Frankreich in einem neuen Kriege 18 Armeecorps ins Feld stellen. Eine solche, durchgehend à la prussienne reformirte Revanche-Armee fertig zu stellen, ist Alles in rastloser, fieberhafter Thätigkeit. Waffen zu schmieden, meinen die hinreichend gewitzigten Franzosen jetzt mit Recht, sei billiger als Lösegeld zahlen.

**) „Nous reprendrons L'Alsace et la Lorraine
Que l'Allemagne étreint de ses réseaux;
Nourrissons-nous de vengeance et de haine
Pour délivrer nos soeurs de leurs bourreaux.
En attendant la revanche prochaine,
Fortifions nos bras et notre coeur,
De l'étranger nous briserons la chaîne,
Nous sauverons la France et son honneur."
(Philippe Théolier.)

So die Retter und Rächer der armen verrathenen Elsaß-Lo=
thringer, aus deren Herzen, mit dem Refrain der den unglück=
lichen Schwestern Metz und Straßburg dedicirten: „L'Alsace-
Lorraine", das trotzige Echo tönt:

„Ihr sollt's nicht haben, Elsaß und Lothringen;
Franzosen bleib'n wir all' im „Deutschen Reich" —
Das arme Land wohl konntet ihr bezwingen,
Doch unser Herz, niemals gehört es euch." *)

Des Glaubens und Sinnes widmet uns denn der Sänger
der „nouveaux châtiments" (Julius — ein hitziger Victor
Hugo jun.) noch folgenden freundlichen Abschiedsgruß:

„Lebt wohl! Auf Wiedersehn in Blut und Thränen!
Des Schicksals Laune wandelt manches Wähnen;
Euch nah'n sie auch wohl bald, die trüben Tage!
Ihr Nachbarn, wenn dann grimmer Todesstreit
Auf bleiche Lipp' euch drängt die bange Frage:
Wie lang der Haß? „Er währt in Ewigkeit!" **)

Jamais! Toujours! — je nachdem — lautet das durch
alle Tonarten in Moll und Dur variirte Thema der französi=
schen Zukunftsmusik! Und weit gefehlt, daß sich im Verlauf der
Jahre das heiße Blut beruhigt und abgekühlt hätte — das
Wort unseres Dichters, daß des Menschen Engel die Zeit, gilt
hier nicht!

Mit gleicher Zuversicht singt der wohl nur pseudonyme
L. Bataille in den „Adieux à la France" die kommende Rache:

„Dans nos coeurs, la vengeance
Attend la revanche à venir;
Tes enfants, ô ma France,
Gardent ton souvenir."

*) „Vous n'aurez pas l'Alsace et la Lorraine
Et, malgré vous, nous resterons Français,
Vous avez pu germaniser la plaine,
Mais notre coeur, vous ne l'aurez jamais."

**) „Adieu! Jusqu'au revoir dans le sang et les larmes
Le destin à son gré dispose des alarmes,
Vous pourrez les connaître aussi, les sombres jours.
Voisins, si désormais une lutte mortelle
Vous fait nous demander: — Combien durera-t-elle
Votre haine, Gaulois? — Nous répondrons: —
Toujours!"

Einen interessanten Beleg dafür gab vor noch nicht zwei Jahren die Berliner „Norbd. Allg. Ztg." mit einer besonders die Stimmung der Provinz zum Ausdruck bringenden Zusammenstellung neuerer publicistischer Kundgebungen. Neben derbsten Verunglimpfungen unseres Kaisers und des Fürsten Bismarck (worin selbstverständlich die clericalen Blätter excelliren) und böswilligsten gegen das deutsche Volk gerichteten Schmähungen spielte da die offene Aufreizung zur Revanche die Hauptrolle.

So hieß es in der zu Besançon erscheinenden „République" vom 10. Dezember 1875 u. A.: „Ein großer Theil Deutschlands ist mehr als je geneigt, sich frei zu machen von den Conflicten, welche zwischen Thron und Altar entstehen. Wenn dieser Tag gekommen sein wird, so wird es auch der Tag der Befreiung von Elsaß-Lothringen sein. Bis dahin u. s. w." — Und die ebenfalls in Besançon erscheinende „Union Franc-Comtoise" vom 11. September 1874 meinte in frivoler Naivetät u. A.: „Wenn Herr v. Bismarck uns Straßburg gelassen und die Rheinlinie als unsere natürliche Grenze überlassen hätte, w ä r e der Friedensvertrag dann nicht vielleicht o h n e Bruch zu erhalten gewesen? Deutschland w ä r e dann stärker gewesen als es jetzt ist, weil es dann keine Furcht für die Zukunft hätte zu haben brauchen. Sein neuer Zustand w ä r e für immer garantirt gewesen." — Das „Journal de Montmedy" (18. August 1874) verwünscht den Marschall Bazaine, der sich nicht gescheut hat, „das jungfräuliche Metz den schmutzigen Liebkosungen der germanischen Horden zu überlassen" und prophezeit dann (25. September): „Es wird ein Tag kommen, wo die Franzosen ihre Revanche haben werden für alle Infamien, die man ihnen zugefügt, für alle Erniedrigungen, die man ihnen angethan, ein Tag, wo sie ihr deutsches Sedan feiern werden . . . ." — Der „Progrès de la Marne" (11. Dezember 1874) erklärt es für constatirt, daß die Deutschen „in dem letzten Kriege die Barbareien von 1814 und 1815 übertroffen haben. Denn damals, als Anfänger, brannten sie nur Dörfer nieder, während sie jetzt Städte verbrannt und verwüstet haben, nur aus Vergnügen zu zerstören und zu stehlen."

Doch genug davon. Weitere Schmähungen gegen die Prussiens, „ces misérables, ces polissons (Gassenbuben)" 2c. zu übergehen, nur noch ein paar poetische Proben aus diesem hübschen Syllabus, die einen wahrlich nicht geminderten Haß bekunden. Poetische Stimmung und Farbe ist da freilich nicht zu erwarten; für diese anonymen und obscuren Dichter gilt eben nicht das Bonmot:

„Avec impunité les Hugo font des vers."

Ihnen fehlt ebenso wohl die feine Satire Banville's, wie das mitunter hochergötzliche Pathos V. Hugo's, dieses eigentlichen Heros und Choregen der Revanchedichtung, der, zumal in originell hyperbolischen Kraftleistungen, überhaupt nur zwei ebenbürtige Rivalen haben dürfte: Pius IX. und Garibaldi.

Doch auch die kleineren Leute mögen sich nun, nach den privilegirten und approbirten Rachesängern, geneigtes Gehör erbitten. Da haben wir zunächst (Journal de Montmedy vom 12. Februar 1875) eine, wie uns scheinen will, nur vergröberte Reminiscenz des schönen Béranger'schen Liedes „Le violon brisé" benannt „Le violon de famille", eingeleitet und commentirt durch folgende Betrachtung:

„Daß die Soldaten der verschiedenen deutschen Majestäten uns im Jahre 1870 unsere Pendulen gestohlen haben, ist eine Thatsache. Daß sie uns unsere Gemälde und Teppiche gestohlen haben, ist nicht zu leugnen. Die angeborene Raubsucht (rapacité) der germanischen Race hat deren Kämpen (champions) so weit getrieben, für ihre „Kretchen" (sic!) Arbeitsbeutel, Fächer, Tücher, Bücher und andere Kleinigkeiten wegzunehmen u. s. w. Weniger bekannt ist vielleicht, daß sie eingebrochen sind, um sich Violinen anzueignen. Hunderte von Violinen sind auf diese Art verloren gegangen." Folgt „Le violon de famille", worin unser Dichter klagt, wie ihm seine liebe Violine, die sein ganzes Glück ausgemacht, von den Barbaren des Nordens, diesen gemeinen Beutelschneidern, geraubt worden sei. Aber er werde sie schon bei diesen lumpigen musikalischen

Deutschen eines Tags wiederholen — wär's auch in fünfzig Jahren.*)

Ein anderes Gedicht im "Journal de Luneville" vom 3. Februar 1875, etwas mäßiger in den Ausdrücken, gibt dieselbe Stimmung, die Hoffnung auf einstige "Befreiung" wieder.**)

Im selben Sinne ein Sonett "Au lion de Belfort", im Belforter "Journal de l'Est" vom 4. März 1875, worin es heißt, daß die Preußen insgeheim auf der Lauer liegen, Frankreich nochmals zu plündern. Aber dann soll sie der granitne Löwe fest ins Auge fassen und niedersteigen die Todten zu rächen.***)

Weit heftiger äußern sich die "Chants d'Alsace" im "Impartial de l'Est" (Nancy) 21. März 1875), welche den

---

*) "Et longtemps il a fait mon bonheur et ma joie.
Mais un jour, jour maudit, lorsque la France en proie
Aux barbares du Nord, appela ses enfants,
Il tomba dans les mains de ces vils chenapans.

Ils me l'ont enlevé mon unique héritage
Et je leur ai juré haine éternelle, ô rage —
Mais j'irai le reprendre à ces gueux d'Allemands,
J'aurai mon violon, fût-ce dans cinquante ans."

**) "On nous a pris nos deux provinces,
Notre or à grande peine amassé.
C'est vrai . . ce sont là jeux de princes,
Mais nous songerons au passé.

Nous songeons à la Délivrance
Tristes sans affectation
Et tous nous mourrons pour la France
Bornant là notre ambition."

***) "Regarde bien en face
Ces Prussiens, objet de notre sainte horreur!
Ils nous guettent dans l'ombre et le coeur plein de joie
Ils voudraient ressaisir de nouveau cette proie,
La France, hélas, qu'ils viennent d'outrager.
Colosse de granit, oh si jamais ces lâches
Accomplissaient un jour leurs monstrueuses tâches,
Quand nous serons tous morts, descends pour nous venger."

Deutschen alle möglichen und unmöglichen Schandthaten andich=
ten: wie sie die Felder dort verwüsten — wahrscheinlich bei
einem Manöver, wo der angerichtete Schaden stets ehrlich baar
bezahlt wird! — wie sie das gute Korn den Pferden als
Streu unterwerfen, den vollen Weinfässern den Boden einschla=
gen, ja, wie ein echter Don Juan, sich erfrechen, selbst ehrwür=
dige Ahnenbilder zu wüstem Zechgelage aus ihrem Rahmen zu
fordern. Und so prahlen sie noch, die brutalen deutschen Sie=
ger, gegenüber den armen unterworfenen Elsässern.*)

Anderes mindestens gleich Saftige aus den, der ver=
schiedensten Richtung angehörigen, Pariser Journalen „L'Uni-
vers", „Le Monde", „La Petite Presse", „La Patrie",
„L'Union", „L'Opinion nationale", „Le Petit Journal",
„La Renaissance", „Le Soleil", „Le Christianisme", „Charivari"
und weiter den Provinzialblättern „La Renaissance" von Vienne,
„L'Aube" von Troyes nicht zu erwähnen — bilde ein richtiges
Revanchepoem des „Journal de Montmedy", den passenden
Schluß: „Wenn wieder die Trompeten tönen und die Trommeln
wirbeln, die Schmach des Vaterlandes zu rächen, naht dem
Deutschen seine letzte Stunde! Da wird's an ihm sein, ins
Gras zu beißen! Kein Pardon! Mach dein Gebet!"**)

---

*) „Nous transformons leurs champs en vaste cimetière,
Nous jetons aux chevaux leurs blés comme litière,
Nous défonçons les fûts de leurs vins si vantés,
Nous prenons galamment leurs femmes par la taille,
Nous sommes les vainqueurs quand nous livrons bataille!

Buvons à mes amours, ma fiancée est blonde!
Où donc es-tu vieillard? apporte nous du vin,
Car nous avons vidé tes flacons d'eau de vie!
Et toi, descends du cadre, à table on te convie.
Reviens de chez les morts, prends place à mon côté,
C'est moi qui t'ai pendu, je bois à ta santé!"

**). „Le clairon sonne, on entend le tambour,
Je cours venger la honte de ma mère,
De l'Allemand maintenant c'est le tour
De reculer, de mordre la poussière!

Die vorgelegten letzten Proben — und deren Zahl ließ sich bei einigem weiteren Umsehen leicht ums Doppelte und Dreifache vermehren — werden wohl ausreichend erscheinen, um erkennen zu lassen, daß der gallische Köcher für uns noch immer giftiger Pfeile übervoll ist. Anstatt zu einer milderen Auffassung herabgestimmt zu sein, bezeugt die allgemeine Volksstimmung einen eher noch gesteigerten Haß. Wer von den Dichtern mit recht haß- und wutherfüllten Klängen die dieses Gefühl rührende und ergreifende Weise zu treffen weiß, kann überall als kleiner Victor Hugo jauchzenden Beifalls sicher sein. Die harmlosesten Chansons accompagnirt im Hintergrunde der Revancheschrei des gallischen Hahns. Wie sonst das alte, nie ausgesungene Lied von der Liebe, singen sie jetzt das vom Haß, und in allen Accorden, die ihre Leier anschlägt, hat das große Wort: Revanche! als poetische Dominante den hellsten Ton, den schärfsten Klang.

Und nicht allein in Versen und Liedern, auch in der leichten Unterhaltungsliteratur spielt die Revanche, in phantastischer Paraphrase, die Hauptmelodie. Dafür sorgten die eifrigen Romanschreiber: Alex. Dumas der Jüngere (der auch unsern armen Theatern den Esprit seiner Stücke eben erst wieder für schweres Geld gönnen will), Erckmann-Chatrian, Victor Cherbuliez, Xavier de Montépin und wie sie alle heißen mögen die edlen Helden der Feder, die mit giftigem Wort am großen Rachewerk arbeiten.

Trauriger aber noch ist die Wahrnehmung, daß sich dieser leidenschaftlich erhitzte Nationalhaß auch auf den, sollte man sagen, neutralen und internationalen Boden der Kunst und Wissenschaft verpflanzt. Bekannt ist die Wuth, welche den Com-

---

<small>Assez longtemps nous souffrons l'oppresseur,
On va punir son arrogance altière;
De ses forfaits l'impardonnable horreur
S'élève au ciel; c'est son heure dernière.

Tremble Germain! tu te crus le plus fort.
Vois ce que peut la France tout entière:
Voici ses fils qui demandent ta mort!
Pas de quartier! allons, fais ta prière!"</small>

poniſten des Lohengrin und der Nibelungen in Paris ſeit Jahren verfolgt. Die großen Wiener Meiſter mag man noch vielleicht als „Oeſterreicher" gelten laſſen; für einen Deutſchen waren ſie doch zu gut! So verſichert uns wenigſtens J. Autran, „de l'académie française", in einem ſeiner „Sonnets capricieux"*) mit reizender Naivetät von unſerem Mozart, „ce mélodieux chanteur", daß er nichts von jenem Deutſchland habe, „wo der umwölkte Geiſt ein ſchweres Gewand trägt. Frankreich gab ihm ſeine Klarheit, Italien ſeine glückliche Anmuth und ſeine Melancholie, und nichts von dem macht einen Deutſchen!"**)

Alſo Mozart kann man ſich als italieniſch-franzöſiſches Compoſitum noch gefallen laſſen! Aber Goethe findet bei unſerm gelehrten Akademiker durchaus keine Gnade mehr. Kühn ſagt er ſich los von den Biertrinkern, welche „dieſe falſche trübe Sonne" bewundern. „Mögen ſie weiterhin, ſo viel ſie wollen, ihrem Götzen mit vollen Händen Weihrauch ſtreuen: was mich betrifft, ſo ziehe ich, ohne Groll und ohne Haß, ſeinem ganzen Plunder eine Fabel Lafontaine's vor."***) Und daß dies keines=

---

*) Paris, Michel Lévy Frères 1875.

**) „Tu naquis à Saltzbourg, me dit-on; je le nie.
Tu n'as rien, cher Mozart, de cette Germanie
Où l'esprit nuageux porte un lourd vêtement.

La France avait donné sa clarté, l'Italie
Donna sa grâce heureuse et sa mélancolie,
Et rien de tout cela ne fait un Allemand."

*** „»C'est le dieu de la Germanie,
C'est notre nom le plus fameux,
C'est un géant, c'est un génie,«
Disaient-ils. — Je disais comme eux.

Afin de flatter la manie
Des buveurs de bocks écumeux,
J'étouffais ma sourde ironie
Contre ce faux soleil brumeux.

O vieille nation germaine,
Désormais, tant que tu voudras,
Encense Goethe à tour de bras;

wegs eine vereinzelte, in übler Laune hingeworfene Aeußerung, beweist die Thatsache, daß ein anderer von jenen vierzig „Unsterblichen", Camille Doucet, vor drei Jahren in öffentlicher Sitzung der französischen Akademie Goethe zu verunglimpfen wagte — wofür er erst kürzlich von einem deutschgesinnten Elsässer (Ludwig Spach in seinen Essays, Straßburg 1877) die verdiente derbe Abfertigung erhielt.

Aber Heinrich Heine, der ist nach Autran's Geschmack — wie uns das betreffende, als charakteristisches Pendant zum vorigen unten angeführte Sonett belehrt, einzig deshalb, weil er seinem Vaterlande rechtzeitig den Rücken kehrte und in seinem ganzen Denken und Fühlen Franzose wurde.*) Aus demselben Grunde pries ja auch Emile Bergerat in dem oben erwähnten Adagio der deutschen Symphonie den „bekehrten Deutschen", der einst über die fröhlichen Lieder der Ruderer auf der Seine weinen konnte und wiederum, selbst auf seinem Schmerzenslager, so gut französisch zu lachen verstand.**)

            Pour moi, sans rancune et sans haine,
            Je préfère à tout son fatras
            Une fable de la Fontaine."

*)   „Il n'avait pas l'humeur guerrière,
            Il n'avait pas l'esprit chagrin.
            De bonne heure il passa le Rhin,
            Sans plus regarder en arrière.

            Salut au hardi pèlerin
            Qui se donne à plaisir carrière,
            Et qui laisse aux buveurs de bière
            Leur pédantisme souverain!

            C'était la grâce et l'ironie!
            La France adopta ce génie
            Qui lisait dans son rituel.

            Viens, lui dit-elle, je te gagne:
            Un Allemand spirituel
            Commence par fuir l'Allemagne!"

**) „Paris n'a plus ses environs!
            Et l'on n'entend plus sur la Seine
            Chanter les joyeux avirons
            Qui faisaient pleurer Henri Heine!

Wunderbar doch, — dies Herrn Autran nur nicht zu schenken — daß derselbe vornehme Herr „von der französischen Akademie", dem gegen Heine und Lafontaine Goethe Plunder ist, in den uns längst bekannten unnobeln Ton einstimmt, wenn es König Wilhelm und seine „Plänkler" zu schmähen gilt. Das Sonett „Les Télégrammes d'un roi" ist ganz im Ton und Geist von Soulary's vorhin erwähntem „Le Cantique du roi Guillaume", ein niedriges Pasquill. Heiterer sind „Les Éclaireurs de Guillaume": zwei Bediente Herrn Autrans selber, beide — wer sollt's glauben? — „de Berlin." Diese äußerlich so harmlosen Leute, „étrangers à la politique", spionirten natürlich eifrigst in seinen Briefschaften und putzten die Fenster nur, um besser Alles durchstöbern zu können!*) Und letzlich fehlt bei Autran auch die unvermeidliche Pendule nicht — ecce iterum! Ja, er hat richtig ein eigenes Sonett auf die verlassene letzte ihres Stammes, die Bismarck zu gering war, um sie nach Berlin zu entführen!**)

Zwar frei von derartigen scurrilen Ausfällen und Späßen, aber durchweg von gleicher Abneigung gegen alles Deutsche er-

---

    Heine, — l'Allemand converti!
    Qui même en proie à la souffrance
    Riait du bon rire de France,
    Ne nous avait pas averti

    Que messieurs ses compatriotes,
    Si doux et si conciliants
    Quand on leur commandait des bottes,
    Viendraient bombarder leurs clients!"

*) „Ces gens, naïfs comme des pîtres,
    Avaient pourtant l'étrange goût
    De fureter dans mes pupitres,

    De lire toutes mes épîtres,
    Enfin, de ne laver mes vitres
    Que pour mieux regarder partout!"

**) „Voilà pourquoi tu m'es restée,
    Seule pendule que Bismarck
    A Berlin n'ait pas emportée!"

füllt zeigen sich leider zur Zeit manche sonst tüchtige und verdiente Vertreter der französischen Wissenschaft. Auch sie können sich nicht enthalten, einer kleinen bornirt chauvinistischen Bosheit gelegentlich Luft zu machen. So z. B. der geist- und kenntnißreiche Kunst- und Literarhistoriker Hippolyte Taine, der in seinem wohlgeschriebenen Buche über „die Entstehung des modernen Frankreich" nicht allein bei Angabe seiner Quellen die eben nicht spärlichen deutschen geflissentlich ignorirt, sondern sich auch gemüssigt findet, seinen Lesern als specifisch germanische Eigenschaften zu signalisiren: „ein kaltes, schwerfälliges und der Cultur widerstrebendes Temperament, Einsamkeitsliebe, Trunkenheit und Brutalität."*)

Noch unverhüllter zeigte Quatrefagues in einem Aufsatze der Revue de deux Mondes, des ersten wissenschaftlichen Organs der Franzosen, wie sehr bei ihnen der Revanche-Gedanke Alles beherrscht. Auch er hebt, bei Besprechung des Nibelungenliedes, die, besonders durch Hagen und Gunther bezeugte, den Germanen eigene Grausamkeit hervor („la cruauté particulière aux Germains"). Und geradezu — zu nächster Erfüllung des theuren Jesuitentraums von einer „katholischen Liga"! — erwartet er von einer (heutzutage natürlich sehr abgekürzten) Auflage des dreißigjährigen Krieges das Gelingen der französischen Rachepläne! „Vous verrez," prophezeit er, „que la France libérale (!) donnera, un jour, la main aux catholiques contre les Hohenzollern, comme elle a donné la main, autrefois, aux protestants contre les Habsbourg." — Und während seither in aller Welt die deutsche Literatur als dem Ausland gegenüber unbefangen, von einseitigen Vorurtheilen frei, kurz so zu sagen als kosmopolitisch galt, die französische dagegen als national beschränkt, behauptet (gleichfalls in besagter, sonst sehr objectiver Revue) Jules Zeller frischweg das Gegentheil.

---

*) Bd. I, S. 121 der deutschen Uebersetzung, Leipzig, Ernst Jul. Günther, 1877. Herr Taine mag sich doch wundern, daß der deutsche Uebersetzer diese Phrase kalten Blutes und ohne jede Bemerkung wiedergibt! So etwas, wird er denken, kann auch wieder nur ein Deutscher leisten!

Selbst der dem deutschen Geiste einigermaßen verwandte Ernest Renan verleugnet jetzt seine Sympathien, nachdem er in seiner Schrift „La Réforme intellectuelle et morale" (Paris 1871)*) die Annexion von Elsaß=Lothringen als ein europäisches Verbrechen zu benunciren sich gedrungen fand. Auch auf dem Boden der Wissenschaft scheint hiernach die schöne Hoffnung auf Verständigung und Versöhnung in weite Ferne gerückt. Auch da müssen wir es eben glauben und für wahr nehmen, wenn der Dichter der „Sonnets capricieux" den Haß als oberste Tugend (vertu souveraine) und Leuchte der Seelen (flambeau des âmes) preist.**)

Mit vollem Recht bezeichnet daher Friedr. Kreyßig (a. a. O. S. 125) dieses brüske Abbrechen auch der geistigen Beziehungen Deutschlands zu Frankreich als eine für den allgemeinen Culturfortschritt überaus traurige Erscheinung. Mit Recht beklagt er es, daß nunmehr über all den wüsten Revanche=Ideen, die eben in den letzten Jahren vor dem Kriege so glücklich begonnene Mission des deutschen Gedankens — der auf jenem so lange, so hart bestrittenen und nach vorübergehenden Erfolgen immer wieder von Rom behaupteten Boden als ein kühner und gewaltiger Pionier der Freiheit und des Lebens vorgedrungen — fürerst als aufgegeben zu betrachten sei.***)

---

*) Eine anschauliche Charakteristik derselben gibt Karl Frenzel in dem anziehend geschriebenen, geist- und charaktervollen Buche: „Deutsche Kämpfe", S. 150—162 (Hannover, Carl Rümpler, 1873).

**) Es heißt da weiter:
„Tu fus la rançon et la délivrance
Le rêve enchanté de toute souffrance,
La première joie et le dernier bien."

***) Gleich Kreyßig bedauert auch W. Koenig die durch den Bruch mit Frankreich in das europäische Geistesleben gerissene Lücke und sagt in demselben edeldenkenden Sinne (a. a. O. S. 248 f.) sehr treffend u. A.: „Wie der Einzelne nicht ungestraft die zarten Fäden abschneiden darf, die ihn mit den Menschen verbinden, so leiden auch die Völker, wenn sie die geistige Solidarität hochmüthig außer Acht lassen. Die Zahl der erleuchteten Geister, die in Frankreich arbeiten

Es entspricht wohl ganz unserer eigenen Darlegung, wenn derselbe, mit französischen Verhältnissen und Zuständen innigst vertraute Verfasser (S. 139 f.) weiter sagt: „Die Herrschaftsfrage erfüllt nach wie vor einzig die Herzen, und man ist nur einig, einig mit sich, mit der Presse, mit allen öffentlichen Kundgebungen des Lebens in dem Feldzuge der giftigen, raub- und bandlosen Schmähung gegen die Sieger des Schlachtfeldes! Es wird da eine Saat der Verbitterung, der Bethörung, des Hasses, der Verleumdung gesät, an deren Aufgehen man nur mit Grauen denkt. Die tolle Leidenschaft, die verletzte Eigenliebe redet, schreit, rast bis zur Betäubung. Wir haben das Schauspiel einer bis zur Unzurechnungsfähigkeit von der Tagesstimmung, von der Modephrase geknechteten Literatur."

Das Gesagte paßt eben ganz und gar auf einen bekanntlich bei den Franzosen, gleich ihrem Lustspiel, virtuos ausgebildeten Zweig der Literatur: die leichte feuilletonistische Darstellung in Form von Reisebriefen, Skizzen und sonstigen mit der Devise „au jour le jour!" signirten Aufzeichnungen. Mochten die Männer der Wissenschaft sich mit den uns gelegentlich applicirten

---

für eine geistige Annäherung des deutschen und französischen Volkes, ist noch beschränkter geworden als vordem; mancher erprobte Kämpfer hat sich verschüchtert oder grollend zurückgezogen. Derartiges Verhalten unserer Nachbarn muß auch bei uns einen Rückschlag üben, der schließlich dieselben Erscheinungen mit denselben tiefgreifenden Schäden im Gefolge hat. Auch bei uns begegnet man jetzt häufiger der absoluten Ablehnung französischer Geistesarbeit; auch bei uns nimmt die Zahl derjenigen ab, die an der Brücke arbeiten, auf welcher sich die Völker begegnen und die Hand reichen können."

Wir sind gleichfalls weit entfernt, den herausfordernd chauvinistischen Ton eines Theils unserer Tagespresse gutzuheißen, oder jener ungesunden, bornirten Deutschthümelei, wie sie auch nach den Freiheitskriegen hervortrat, das Wort zu reden. Gleichwohl befürchten wir, daß vorläufig all' unsre ernstgemeinte Bemühung um Wiederherstellung eines geistigen Connexes mit unseren westlichen Nachbarn vergeblich sein und ein treuherziges: „Soyons amis, Cinna!" mit kaltem Hohn abgewiesen werden würde. Ja, für die freundschaftlich dargereichte Hand möchten uns die sonst so höflichen Franzosen eher, wenn auch nach Umständen nur in der Tasche, die geballte Faust entgegenhalten. Das stimmte wenigstens zu ihren Aeußerungen."

Seitenhieben vielleicht noch einigen Zwang anthun, so geht hier
die von aller Rücksicht emancipirte Leidenschaft ohne allen Zügel.
Da ist die „rand- und bandlose Schmähwuth" so recht zu
Hause.
 Wir erinnern nur an den eben wegen seines giftigen
Pamphlets als „Défenseur de l'Alsace" glorificirten Edmond
About, der im Beginn des Krieges die blonden deutschen
Frauen den unbezwinglichen afrikanischen Legionen als gute Beute
anpries! Würdig neben diesen anerkannten Meister der pikan=
ten, medisanten Causerie tritt Edouard Fournier mit seinem
Buche „Les Prussiens chez nous".*) Noch toller trieb es
Louis Tissot mit seiner schamlosen, ein widriges Zerrbild
unserer Cultur darbietenden „Reise ins Milliardenland", die
dafür freilich von seinen dankbaren Landsleuten mit beispiellosem
Beifall aufgenommen wurde.
 Daß ferner der uns mit verschiedenen Schriftchen als
enthusiastischer Wagnerianer bekannte Elsässer Edouard Schuré
noch zur Fahne des Bayreuther Propheten schwöre, läßt sich
nach seiner enragirten Broschüre „L'Alsace et les Prétentions
prussiennes" schwerlich annehmen, welche in den pathetischen
Epilog ausläuft: „Athmen wir, marschiren wir, kämpfen wir
mit Frankreich, und der Tag der Befreiung wird sich aus unse=
ren Ruinen erheben! Warten wir, bis die Seelen der Todten
den Kampf der Lebenden begleiten werden, bis Frauen und
Kinder nur einen Gedanken und einen Schrei haben: „Kugeln
und Pulver!"
 Um abzuschließen und den ironischen Sarcey wie den phan=
tastischen Michelet („La France devant l'Europe") und weiter
Cabol, Reymond, Maury e tutti quanti zu übergehen, erwäh=
nen wir noch ein echt Pariser Kind, den durch seine unsauberen
Romane („Fanny" 2c.) leider auch bei uns wohlbekannten, übri=
gens inzwischen verstorbenen Ernest Feydeau. Derselbe
empfahl mit cynischer Offenheit in der Schmähschrift „L'Allemagne en 1871" einen boshaften Ueberfall Deutschlands nach

---

*) Eine nähere Besprechung desselben findet der Liebhaber bei
R. Frenzel a. a. O. S. 142—149.

Art der Bartholomäusnacht und sagte dazu — als müßte sich das arme deutsche Reich, wie auch der Sänger von Montmedy wollte, schon auf sein letztes Stündlein vorbereiten — ganz gemüthlich weiter: „Den Luxus einer Kriegserklärung haben wir uns nicht zu gestatten. Einfach, ruhig, ohne vorher den Feind zu warnen, setzen wir über die Grenze. Für das Uebrige wird Gott sorgen."

Recht so, Gott wird sorgen!

„Dieu sera dans l'obscurité
Le jour où s'éteindra la France!"

hörten wir ja bereits von Emile Bergerat, und gleich bestimmt versichert uns Aug. Lacaussade in seinem wilden „Cri de guerre": „La France est l'avant-garde et le soldat de Dieu!" La belle France — das wunderbar bevorzugte heilige Land! Gott liebt ja vor allem seine frommen Franzosen: „Deus amat Francos!"

Die beste Bestätigung findet — last not least — diese Anschauung in der neuerdings immer mehr hervorgetretenen ultramontanen Richtung eben des Landes, dem von jeher der Schutz des Papstthums ein mächtiges politisches Motiv war. Und nach allen Wahrnehmungen erscheint gerade jetzt der gleicher Zeit von gleicher Niederlage betroffene Ultramontanismus der Revancheidee innigst associirt. Wallfahrten zu wunderthätigen Madonnen, Visionen und Weissagungen müssen demselben Ziele dienen. Was da nur spielt, ist lediglich der ultramontan maskirte Chauvinismus.

„Dieu de clémence,
O Dieu vainqueur!
Sauvez Rome et la France
Au nom du sacré coeur!"

lautet der Refrain des Pilgerliedes, unter dessen Klängen die frommen Waller nach Lourdes, Paray-le-Monial und anderen geweihten Stätten*) ziehen, wo die Jungfrau Maria, Frank-

---

*) In seinem auf Grund authentischer Belege über diese ganze Materie bestens orientirenden Buche „De l'État présent de l'Eglise

reich den unfehlbaren Sieg verheißend, ihrem getreuen Volke zu erscheinen geruhte. Die Gesänge:

„Pour Rome donc et pour la France
Nous implorons votre secours;
Armez-vous pour leur délivrance!
Sauvez-les, gardez-les toujours!

Souvenez-vous que notre France
De l'Eglise fut le soutien,
Et qu'elle est encor l'espérance
Du pape et du monde chrétien!"

und:

„Reine du ciel,
Rends l'Alsace à la France
Par ton cœur maternel!"

dazu die naiven Hochrufe: „Vive Mac-Mahon! vive Pie IX! vive le Sacré-Cœur!" und die in Trauerflor gehüllten Fahnen Elsaß-Lothringens sagen wohl genug. Sie stellen den wesentlich politischen Charakter dieser mit ihrer schärfsten Spitze gegen Deutschland und Italien gekehrten Massendemonstrationen in das hellste Licht.

Der französische Ultramontanismus — natürlich mit der Revanche in Perspective — ist abermals Grundzug und oberstes Princip der französischen Politik geworden. Der verhängnißvolle, für den Fortschritt aller Cultur so bedrohliche Bund zwischen Frankreich und Rom — in Wahrheit eine „liaison dangereuse"! — ist abermals vollzogen. Ja, Frankreich hat in seiner Noth wieder krampfhaft die rettende Hand der Kirche erfaßt. An der bigotten Marschallin Mac Mahon, der napoleonischen Herzogin von Magenta, hat es wieder seine Eugenie, und wer weiß, ob diese nicht auch einmal wieder „diejenige" sein kann, „die ins Feuer bläst hinein"? Denn eben die ultramontane Partei ist, wie der Franzose Michaud (a. a. O. S. 114)

catholique en France" (Paris, Sandoz u. Fischbacher 1875, deutsch bearbeitet von Fr. Hoffmann, Bonn, Neusser 1876) zählt der Abbé E. Michaud (S. 394 f.) davon ein rundes halbes Hundert auf! — Beiläufig hier erwähnt sei desselben Verfassers interessante „Etude stratégique contre Rome" (Paris 1876), wo gegenüber der schwarzen Internationale die Nothwendigkeit einer festgefügten internationalen Gegenverbindung überzeugend dargethan wird.

bedauernd zugibt, die Partei der „revanche sauglante", sie möchte gar zu gern und bald als treue päpstliche Miliz die „Schlachten des Herrn" schlagen. „A l'exemple du doux Pie IX, qui a perpétuellement l'anathème et la malédiction sur ses lèvres, le parti ultramontain français est prêt aux violences les plus extrêmes, pour réaliser ses projets."

Als erschwerendes Moment tritt dazu der seiner Natur nach internationale Charakter des Ultramontanismus, dem eben außer Frankreich, wo auch der Clerus eine entschieden nationale Stellung einnimmt,*) gegen eine mächtige Tricolore, wie sie jetzt in Deutschland und Italien weht, ein die Lande gleichmäßig deckendes Schwarz allzeit die liebste Farbe bleibt. Auf dem besten Wege, die längst in dieser Couleur gestrichene Republik in eine Monarchie, ein Empire von des Papstes und der Jesuiten Gnaden umzuwandeln und die Herrschaft des Syllabus perfect zu machen, hat sich Frankreich in Ermangelung anderer Allianzen die glühenden Sympathien aller ultramontanen Fanatiker Europas gewonnen. Als die gehoffte streitbare Vormacht Roms ist es nunmehr das gelobte Land aller richtigen Römlinge, und leicht mag sich in deren Phantasie der französische Rachekrieg zu einer heiligen Fehde, einem gottgefälligen Kreuzzuge gegen das unselige deutsche Reich gestalten.

Ja, daß nun der protestantische Preußenkönig, statt wieder zum „Markgrafen von Brandenburg", wie ihn die römische Curie lange genug bezeichnete, herabzusinken, sich nun gar als deutscher Kaiser erhob, das war zu viel! Das deutsche Reich drückt nun die ganz unverzeihliche Schuld, die nur durch einen Römerzug tilgbare Erbsünde, daß es, mit einem protestantischen Kaiser an der Spitze, das katholische Frankreich, die älteste Tochter der Kirche, so grausam besiegte und daß es jetzt, im geradesten Gegensatz zum alten heiligen römischen, als ein so ganz „moderner Staat" dasteht, worin sich aber auch gar nichts mehr mit Barbarossa und Canossa reimen will. Hinc illae lacrimae!

---

*) Zum neuen Kampfe gegen „Preußen" — écrasez l'infâme! — erklärte Dupanloup, der leitende Intimus des neueren Mac Mahon'schen Kabinets, würde er seinen wie ein Regiment marschirenden Klerikern selbst den Chassepot in die Hand drücken!

Daß unsere Ultramontanen ein so constituirtes deutsches Reich in ihrem starken Zukunftsglauben nur als „eine vorübergehende Zulassung Gottes" betrachten, brauchen sie uns kaum zu versichern. Auch ohne die höhnende Verleugnung der Sedanfeier, den gefeierten Bolanden'schen, die Franzosen noch übertrumpfenden Roman „Die Reichsfeinde" und so manche verwandte Aeußerung*) wissen wir eben zur Genüge, wohin ihre Sympathien gehen, und schon ein flüchtiger Blick auf Frankreich muß jeden deutschgesinnten Mann lehren, daß der von Haus aus vaterlandslose Ultramontanismus zur Zeit die höchste nationale Gefahr einschließt.

Freilich entschlagen sich die meisten unserer schwarzen Wühler gern so ernster Betrachtung und bauen in gedankenlosem Leichtsinn — mögen fürerst auch noch die Triumphe fehlen — gar lustig à la française ihre Triumphbögen. Und so halten sie denn in würdigster Nachfolge der frommen, um Revanche betenden und singenden Franzosen fröhlich und wohlgemuth ihre Bittfahrten und „assemblées catholiques" „für den Sieg der Kirche." Publikum und Spieler, Staffage und Decorationen

---

*) Schon beim Regierungsantritt Mac Mahon's glaubte das biedere „Bayr. Vaterland", dieses enfant terrible der ultramontanen Journalistik, das an bekannter Stelle citirte Steinchen des Nebucadnezar'schen Traumes „ins Rollen gekommen" und verkündete dann weiter u. A.: „Der populärste General Frankreichs, der „Ultramontane" Mac Mahon, dessen Frau erst vor wenigen Monaten eine Procession von 100,000 Theilnehmern nach Lourdes geführt, um die Hülfe der heiligen Jungfrau für Frankreich und den heiligen Vater zu erbitten, Präsident der französischen Republik — fürwahr: welch wunderbare Wendung durch Gottes Fügung! — — Wir werden nun bald die Kanone sprechen hören. Wir stehen am Vorabend großer, gewaltiger Ereignisse, am Ufer eines Meeres von Thränen und Blut. Aber jenseits erwartet uns ein Eiland des Friedens, der Triumph der Kirche und Gerechtigkeit." — Etwas reservirter erließen nach der neuesten „Wendung durch Gottes Fügung" die officiellen römischen Jesuitenblätter ihre pythischen Sprüche: daß die zwei jetzt die Welt beschäftigenden Fragen, die orientalische und die römische, „nach dem Rathschlusse Gottes" in engerem Zusammenhange ständen, als Mancher glaube, und daß vielleicht auch das dem Papste kürzlich von Officieren seiner vormaligen Armee verehrte Schwert in Bälde werde umgürtet werden.

der hüben wie drüben spielenden „göttlichen Komödie" wechseln. Die hinter den Coulissen postirten Faiseure und Arrangeure aber sind überall dieselben, wie ja der Zweck der an höchster Stelle ex cathedra) mit eifernder Rede und reicher Ablaßspende unterhaltenen Agitation stets nur der eine ist: Gebt es mir wieder, mein Reich von dieser Welt! Welche Wonne daher das heutige Frankreich für den „wahren deutschen Katholiken", der, mit Trauer auf die gottlose Germania schauend, „stets dem Volke zugewendet ist, dem den Lorbeerkranz reicht, das den heiligen Vater beschützt!" Von Frankreich kommt das Heil! „Sauvez Rome et la France au nom du Sacré-Coeur!" ist das Lied, in das auch — proh pudor! — deutsche Lourdes-Pilger einstimmen mochten. Dazu Marpingen und andere wunderbar begnadete Wasserheilanstalten als Versuchsstationen auf deutschem Boden! Sapienti sat.

Sollte nun aber auch die Stunde der gehofften Revanche nicht so bald schlagen, gewiß ist, daß bei allen Franzosen und Franzosenfreunden die Hoffnung darauf in allem Wechsel der Dinge ungeschwächt dieselbe bleibt. Im Deutschenhaß sind ja die Rothen dort mit den Schwarzen vollkommen einverstanden, und die ersteren wären eben nur frivol genug, den ultramontaner Seits gebotenen guten Vorspann dankbarst zu benutzen, um mit dem Zusatz des Fanatismus der nationalen Leidenschaft den willkommenen giftigen Stachel zu verleihen. So bleibt, ohne allen Unterschied der Parteien, die große Revanche der erste Gedanke und Wunsch aller echten Franzosen.

Das theure Frankreich ist aber auch in der That gar zu übel daran: vordem so lange das enfant gâté Europa's, soll es nun mit einmal so viel weniger werth sein — einzig deshalb, weil der dumme deutsche Michel wirklich so boshaft war, sich nicht schlagen zu lassen:

„Was ist das für ein schändlich Thier —
Greif's an, da sieh, wie wehrt sich's dir!"*)

Das leidenschaftliche Verlangen, durch einen neuen (natürlich dann aber sicher siegreichen!) Krieg das verlorene

---

*) „Que c'est un animal méchant —
Quand on l'attaque, il se défend!"

„Prestige", die „prépondérance légitime" in Europa wiederzugewinnen, beherrscht darum alle Kreise des Volkes. Aller Bestreben ist darauf gerichtet, sich durch eine „revanche suffisante" als die große Nation, die erste der Welt, zu rehabilitiren.

Von der Kaserne bis zur Kanzel steht eben Alles im nächsten Dienste der Revanche-Idee; sie durchzieht, wie der rothe Faden das Gewebe, alle Gedanken und Stimmungen der „großen Nation". Sie leitet, offener oder vorsichtiger, die dem nationalen Instincte folgende Politik; sie findet ihren Ausdruck in der Presse, wie auf der ihr gleichfalls tributär gemachten Bühne*) und selbst auf den Denkmalen der Todten steht sie in Erz geschrieben,**) nicht zu rechnen all' die lange in den elsässischen Schaufenstern Parade machenden Bilder und Büsten der trauernden France oder Alsace.

Gegenüber dieser schon in der altfranzösischen Devise: „Mon ennemi, c'est mon voisin!" charakteristisch ausgeprägten, offen feindseligen, ja rabiat rachsüchtigen Stimmung Frank-

---

*) Vgl. neben anderen leichteren Produkten die zugleich das religiöse Motiv mit einschließenden Opern Gounod's und Barbier's „Jeanne d'Arc" — componirt zum höheren Ruhme der wundersam aus aller Noth errettenden, bald auch päpstlich geheiligten Nationalheldin Frankreichs. Bezeichnend für diesen offenbar der Revanche dienenden Cultus ist auch die neuerliche Herausgabe des Guillemin'schen Prachtwerkes „Jeanne d'Arc, l'épée de Dieu", vom Univers (der Pariser „Germania") u. A. also angepriesen: „Jeanne d'Arc! Den Allerunwissendsten selbst sagt dieses Wort Alles: das gute Lothringen bleibt mehr als je die Zärtlichkeit und der Stolz Frankreichs. Als jüngst auf dem kleinen Platze der Pyramiden die Reiterstatue errichtet wurde, die seitdem täglich mit Kränzen bedeckt wurde, hätte man da nicht sagen sollen, das Volk begrüße die junge Kriegerin mit derselben Begeisterung, die ihr am Tage nach der Befreiung von Orleans zu Theil wurde? Daher will es uns bedünken, daß die jetzige Lage uns mit Gewalt in die Epoche zurückversetzt, wo Jeanne d'Arc erschien, von Gott gesandt, um Frankreich zu erretten."
**) So trägt das zum Andenken der Kämpfe von Le Bourget (30. October und 21. December 1870) dort errichtete Denkmal die keines Commentars bedürftige, deutlichste Inschrift: „Ils sont morts pour défendre la Patrie. L'épée de la France, brisée dans leurs vaillantes mains, sera forgée de nouveau par leurs descendants."

reichs — die selbst einen Moltke zu dem schwerwiegenden Geständniß zwang: daß wir das in einem glorreichen Halbjahr Gewonnene durch ein halb Jahrhundert würden zu vertheidigen haben — und angesichts der ganzen bedrohlichen Zeitlage ergeht an uns die ernste Mahnung, gegen alle Ränke und Pläne des ruhelosen, racheburstigen Nachbars jederzeit mit Schild und Schwert treu auf Posten zu stehn.

„Toujours en vedette!" lautete das entschlossene Wort des großen Königs für das mächtig aufstrebende, rings von Feinden umstellte Preußen. „Toujours en vedette!" heißt auch in ähnlicher Lage für das neue deutsche Reich die Parole, die militärisch kurze Weisung, die der Dichter (Friedr. Beck, „Germania's Friedensruf") mit dem gewinnenden Wohllaut deutscher Verse umkleidet:

„Wiegt euch in falsche Sicherheit nicht ein!
Schlagfertig stehen sollen eure Heere,
Nicht schlummern darf die treue Wacht am Rhein!
Geschliffen sei das Schwert und blank die Wehre!"

Ein Kaiserthum des Friedens ist das deutsche Reich, aber auch, fest der eigenen Kraft vertrauend, stark bewaffnet gegen alle Gefahr von außen! Sollten aber dennoch — schließen wir mit den Worten eines wacker deutschgesinnten Engländers[*] — „die Franzosen es je wieder versuchen, die Deutschen Zouaviter in modo zu behandeln, so mögen ihnen diese stets, wie im Jahre 1870, mit dem Fortiter in re entgegentreten" und, fügen wir hinzu, all' dem prahlerischen Jamais! und Toujours! mit jenem Kernliede, dessen Klänge unser Heer zum Siege, dessen Geist unser Volk zur Macht und Größe geführt, die einzig richtige und gebührende Antwort geben:

„Lieb' Vaterland, magst ruhig sein,
Fest steht und treu die Wacht am Rhein!"

---

[*] Sir T. Sinclair, Baronet, Mitglied des Englischen Parlaments: „Der deutsch-französische Krieg" (Berlin, A. Asher u. Comp. 1873).

Pierer'sche Hofbuchdruckerei. Stephan Geibel & Co. in Altenburg.